固你为光华

创新教育的探索与畅想

鲁育宗 著

复旦大学出版社

"因你而光华"书法题字

徐骅先生　　　　　王联合先生　　　　　李砚女士

日月光华（代序）

2018年12月9日晚上7点，我在复旦大学旦苑餐厅吃完晚餐，匆匆赶往相辉堂。这里，即将举办一场别开生面的活动。

相辉堂是复旦人的精神圣地之一。1920年，复旦大学校长李登辉下南洋募捐资金在江湾建造新校舍，1922年春基本建成，其中就有第一学生宿舍（相辉堂原址，后毁于战火）。重建后的相辉堂成为复旦校园中一抹不可或缺的风景，不但是国内外重要宾客的演讲场所，更是复旦学生活动的重要基地，沉淀了流逝光阴中的复旦人文情怀。据不完全统计，仅在1949年之后来相辉堂作报告的国际知名人物，就有苏联最高苏维埃主席团主席伏罗希洛夫、法国前总统德斯坦、法国共产党前总书记马歇、美国前总统里根、微软创始人比尔·盖茨等；常年举办的各类活动有"一二·九"歌会、相辉节、十大歌手大赛等，不胜枚举。可以说，相辉堂亲历了复旦大学近一个世纪的风云变幻，见证了复旦大学一系列辉煌的历史篇章，承载了很多复旦学子美好的青春回忆。

那一天，相辉堂里举办的是光华人的盛典——光华教育集团十周年庆典，这也是相辉堂修缮扩建后第一次对社会开放。晚上7点整，来自四面八方的光华人汇聚一堂，既有集团总部的全体员工和来自全国各地的学校高管，也有旗下各个学校的学生代表和已经毕业多年的光华校友，当然也少不了学生家长和各界的朋友。

整个庆典活动热烈而温暖。光华人用"少年真""青年志""光华梦"三个篇章回溯了十年来的光华岁月，展现了光华各校区师生员工的精神风貌。这场光华的十周年庆典无疑是令人难忘的，现场时时掌声雷动。一位在光华工作了十年的员工不禁感慨："光华成立十年，我也在这里成长了十年。"但这场晚会又略显"寒酸"，因为我们不仅没有邀请知名的嘉宾和演员，甚至连晚餐都安排在复旦的旦苑餐厅，以至某嘉宾调侃说："本来以为十周年庆典会有一个盛宴的，没想到，光华在大学食堂里招待了远道而来的客人！"

这种高昂和低调交织的气氛也恰似光华今天的境况。在集团一次内部会议上，我开玩笑说我们很像扫地僧：我们很少参加社会的各种评比，也甚少获得过什么知名的奖项，但办学成果在业界特别是长三角地区声名远扬；我们的国际课程学生均被海外大学录取，近75%进入QS世界排名前100的大学，其中牛津大学和剑桥大学的升学人数多年来始终位列中国前三。我们筚路蓝缕、披荆斩棘，却能在激烈的竞争中脱颖而出。

光华办学肇始于2008年，这一年也是新中国历史上很重要的一年：由于奥运会的召开，国人民族自豪感满满。但民众对应试教育的焦虑也愈演愈烈。从小学到高中，学生成天在作业堆里过日子；教师的教学，不是为了学生的发展而教，而是围绕应付中考、高考在教，到头来学生除了会按照规矩答几份试卷以外，很难学到多少实用的东西；尤其是英语课程，从小学到高中占用了大量的学习时间，但学了12年，大部分学生居然还不能流利地用英文交流。这样的例子举不胜举，令人唏嘘。

虽然大家都深感传统的应试教育有诸多弊端，扼杀了青少年的创新思维和想象力，但是面对"高考指挥棒"，教育改革多年以来成效甚微。的确，中国的教育牵动着每一个人敏感的神经，教育改革"牵一发而动全身"，尤其在学生基数如此庞大、历史问题如此复杂的K12教育中，改革走走停停，周期性出现钟摆现象。

那么，有没有一条道路可以暂时规避改革中面临的阻碍，在一定范围内先行取得一些成果与经验，再回过来推动更大范围的改革呢？就如同中国的经济改革之所以能够成功，是因为先允许乡镇企业和民营企业发展那样。彼时的民营经济水准很低，所以需要引进外资、允许中外合作以提高中国企业的管理水平，最后才改革国有企业。中国的教育改革或许也可遵循相同的思路：首先让一部分家长有更多的选择，扶植一批民办学校；接着积极引进国外优秀的课程和教育管理模式，促使整个教育体系形成多维模式；最终建立人才培养的合理途径。光华就是在这样的改革开始的时候投身教育的：我们希望为学生和家长提供多元化的选择。

1977年高考的录取率只有5%，到我上大学的时候是10%多点，而到2014年录取率已超过70%。虽然现在大学扩招让大多数孩子拥有了上大学的机会，但是中国优质的教育资源依然稀缺，这就使得一部分沿海发达地区的家庭选择了留学这条路。2018年，我国出国留学人数已接近70万大关，而这个数字今后预计还会增加。当我们有了更多的选择和更加国际化的视角时，展望中国教育未来的发展，会有更深刻和更远大的思考，教育才会向"拥有美好的未来"这一多维目标前行。

那一夜的相辉堂里，光华的同仁们因为庆典欢呼雀跃，而我在热闹的人群中仍在思考：这种光华独有的学院派发展模式今后会走向何方呢？我们是否可以一直田园牧歌式发展呢？光华刚刚做教育时，投资教育是一件非常艰苦的事情，并没有几家像样的机构愿意进入这一领域，何曾想到2016年以后教育投资竟然成为香饽饽。然而在这一热潮中，难免泥沙俱下。光华必须要思考的是，在这种变局中，如何面对被戏称"门口的野蛮人"的投资人，更重要的是怎么不忘自己的教育初心——这点很难，在资本市场的教育企业中有相当一部分没有跨好这一道坎，久而久之就异化为以逐利为目标。

回首这十年，光华从11个学生开始，不断发展壮大，现在已经有了上千名员工、上万名学生。那一夜，相辉堂里光华的十年盛典不知不觉接近尾声，而我知道我们得重新启程，我们将选择激流勇进，我们将告别田园牧歌般的运营方式，我们要从台后走到聚光灯下。

……

以上文字忠实地记录着我在那个夜晚的畅想与憧憬，但其后突如其来的教育政策变化以及三年疫情让彼时正鼓劲奋进的我们一时间措手不及。在接下来的几年，无数教育机构倒闭、跑路，大量负面信息宛如狂风暴雨般席卷了整个行业。原来美股市场上市值千亿的新东方、好未来因股价大幅下跌，一度触发熔断，恢复交易后仍持续下跌，市值蒸发九成以上，中国香港市场的教育股同样"哀鸿遍野"。机构也好，个人投资者也好，来不及撤退的人都损失惨重，光华也受到了很大的影响。即使我们在2019年为了提前应对政策调整以及规范上市，已对相关业务进行了调整和剥离，但我们的上市计划不得不因政策变化而搁浅。

尤其是2020年疫情刚开始那段时间，社会基本停摆，世界处于一片恐慌之中。我也一样，每天一睁眼，集团就有几百万元的开支，而且完全不知道这种日子何时才是尽头。

五年来，我们都在反思中徘徊，是的，在这片土地上，从事教育的我们有太多的无奈。我们一次次否定自己的追求，又一次次在挫折中站起来，但之后，依然无法确切知道还会不会面临同样的困境。然而，我们始终坚信"教育改变未来"，在这片土地上，教育不改革，国家就不会有更好的未来。值得欣慰的是，同道者日众，我们不是一个人在战斗。

我相信，经过五年的探索，光华已经找到了比当初把上市当作一座里程碑更有意义的未来。这也正是我决定将此书献给读者的一个原因。

《因你而光华：创新教育的探索与畅想》回顾并总结了光华15年来的创业故事和光华人对未来的畅想，我们谨以此打开心扉，让朋友们走近光华、读懂光华。

这本书的第一部分"成长之路"，讲述了光华教育从一个校园、11个学生到今天十多所学校、上万名学生，筚路蓝缕谋发展的无数动人瞬间；第二部分"文化之旅"，展现了光华的多个发展方向，阐明了光华的办学理念，对光华人的思考进行剖析，并且向大家展示了光华作为一家教育企业怎样将这些思考的结果落实到经营与管理中；第三部分"创新之光"，除了向大家汇报光华正在关注的重要问题与发展战略之外，还描绘了光华未来发展的蓝图，我们更愿意将光华的探索理解为中国的教育工作者共同面对的使命和责任——我们不仅是在为一个家庭、一所学校、一家企业眼前的问题办教育，更是在为未来办教育。

我在复旦求学9年，常常感怀于两位老校长的办学情怀。光华十周年庆典那天，我在相辉堂看着我们老师和学生的演出，不禁想起了复旦大学的老校长马相伯先生和李登辉先生。当年复旦大学建校可谓紧锣密鼓，从制定教学课程到聘请教师，从寻找校址到招收学生，年届66岁的马相伯先生为之殚精竭虑。而李登辉先生从耶鲁大学学成回国，只身回到他的祖上已离开七代的祖国，就是有一种情怀，想把他的母校耶鲁大学作为一个典范，把复旦大学办成"东方的耶鲁"。他一生培养了26位大学校长，其中有浙江大学校长竺可桢、清华大学校长罗家伦、四川大学校长程天放等著名教育家。这一百年间，多少仁人志士希望教育强国，为此前赴后继。

2008年初，当我开始筹备办学时，有一阵子困惑于为学校起一个怎么样的名字，突然有一天，我毅然决然地为第一所学校起名为"光华"，如同"复旦"二字取自《尚书大传·虞夏传》中的名句"日月光华，旦复旦兮"一样，意在自强不息和拥抱创新。15年来，光华在国际教育的道路上印下了足迹，现在我们又回到我们的办学初衷，也是光华一直坚持的理念，就是不断反省、不断创新。唯此光华才能保持前进的不懈动力。我们将光华的总体定位从"国际教育集团"调整为"创新教育集团"，自此光华将以引领创新教育为己任。

教育是阳光下的产业，光华教育的成长离不开每位教职员工的辛勤付出，离不开合作伙伴的鼎力协助，离不开家长和学生的支持信任，离不开社会大众的宽容爱护。我们一直坚持以学生为中心，强调每一个体都是重要的；我们鼓励质疑和创新，以此激发学生的好奇心和兴趣。光华见证了许多孩子的成长和蝶变，让许多家庭实现了理想的教育，虽然这些改变对于整个社会来说依然很小，但也许有一天，他们会改变中国的未来。

我们依然在前行的路上，努力做最好的自己。

目 录

日月光华（代序）   001

第一篇　成长之路

第一章　少年的烦恼   003
倾斜的理想国   003
为了祖国的花朵   011

第二章　11 个学生的学校   019
光华诞生记   019
摸着石头过河   025
光华的种子   030

第三章　漂在魔都   035
辽源东路 40 号   035
政熙路 2 号   038
川周公路 2788 号   041

第四章　上下求索	044
光华中学	044
光华启迪	048
光华好奇	051

第五章　走向全国	053
闯入江苏	053
迈进浙江	057
走出长三角	061

第六章　"风口"与"风暴"	064
在"风口"	064
"野蛮人"来了	066
起落之间	068

第二篇　文化之旅

第七章　为什么是光华	075
"五个一"工程	076
支撑体系	081

第八章　做最好的自己	083
校长说	083
家长说	090
学生说	099

第九章	**让美充满校园**	106
	"网红"校园背后	106
	打造理想新空间	112
	设计无极限	116

第十章	**光华校友会**	119
	莫愁前路无知己	119
	大国小使者	122
	连接校友，成就未来	124

第十一章	**擦亮光华的品牌**	128
	走到聚光灯下	128
	基金会：格物致知，启迪未来	131
	学人图书馆	133

第三篇　创新之光

第十二章	**面向时代的窗口**	141
	时代的风	141
	科技的浪	144
	创新的潮	151

第十三章	**创新实验室**	155
	打造创新的教育场景	155
	有据可循的创新路径	160
	设计思维课程的推进	164

| 第十四章　**让生命在此绽放** | 167 |

　　探秘光华营地　　167
　　没有围墙的教室　　172
　　更多连接的可能　　178

| 第十五章　**组织新生** | 183 |

　　新人才　　183
　　新组织　　187
　　新文化　　193

| 第十六章　**创新畅想曲** | 198 |

　　教育新生态　　198
　　AIGC 时代的超级学校　　203
　　在大地上写诗　　208

| 附录一　**2008—2023 年光华成长之路** | 213 |

| 附录二　**《2023 年光华教育集团社会责任报告》** | 217 |

| 后记 | 245 |

第一篇 成长之路

从11位学生开始
一个浪漫的理想萌芽
经历了15年的风雨
改变了一批人,成就了一批人
我们曾意气风发,也曾痛苦迷茫
遭遇了改革深水区的困境
经历了风口与风暴
我们在光华道路上砥砺前行

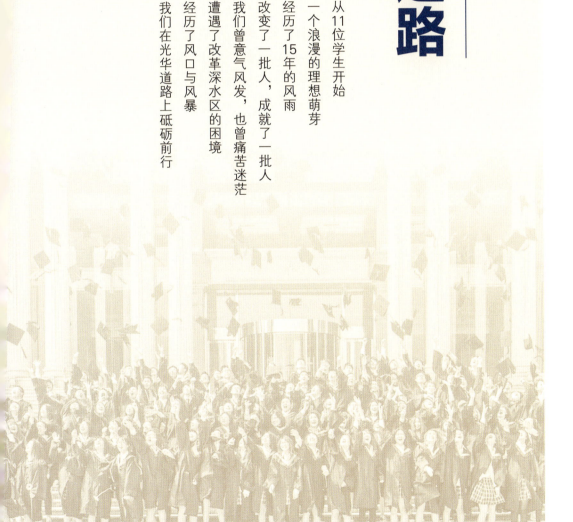

第一章

少年的烦恼

倾斜的理想国

2008年元旦,在各地的奥运会倒计时屏幕前,无数人合影留念。一场世界性盛会正徐徐拉开帷幕,没有哪一年是如此让全国人民期待,所有国人都相信,2008年将是一片坦途。

可春天还未完全苏醒,一场前所未料的雪灾席卷南方大地——大幅度低温、雨雪、冰冻灾害……过年的热闹也不敌连绵不断的恶劣天气。这场雨雪冰冻是如此凶猛——冰封了南方电网,中断了京珠高速公路,梗阻了京广铁路,在短短半个多月里将满心欢喜准备过年的上亿中国百姓卷进从天而降的白色灾害。一边是回家心切的旅客潮水般涌向车站,一边是越来越多的列车被堵在路上。在广州火车站,滞留旅客在最高峰时达到60万人,时间长达一周。有多少游子,挤在候车室狭小的空间里,僵持着、迷茫着、焦灼着,不知这个鼠年的冰霜开端何时过去?

即使春暖花开、雪痕无影,那数以亿计的受灾人口,绝收的2 500余万亩农作物,倒塌的近50万间房屋,在中国人的记忆里仍难以抹去……

2008年的初夏,另一场灾难更令国人刻骨铭心。

5月,蜀地和风煦暖,孩子们在午后日光中伸伸懒腰,准备下午第一堂课。14时28分4秒,一场几十年以来破坏性最强、波及范围最广的地震，就这样降临了。连在离汶川约 100 公里的都江堰市，都有大量的房屋发生倒塌。由于这次地震的巨大破坏性，人们一度无法进入灾区震中汶川开展救援，为了解震中的情况，由 15 名空降兵组成的小分队临危受命，首次在高原复杂地域无气象资料、无地面标识、无指挥引导的"三无"情况下，从海拔 4 999 米"盲跳"，扑向大地，空降震中，侦察灾情，打开了空中救援通道。① 那是空降兵成立以来首次以空降形式执行非战争军事行动。

短短几秒内，以富裕安宁著称的四川省，很多地方已化为废墟。无数生命在那个 5 月戛然而止，举国阵痛的"伤疤"永远都在。经统计，这场灾难共造成近 7 万人遇难，近 2 000 万人失去住所，一帧帧或令人悲伤或感动的画面依然历历在目……

很多人说 2008 年流的泪水比之前十年都多。这泪水，为天灾而流，当然也为不久之后的那场辉煌盛会。

2008 年 8 月 8 日，北京奥运会开幕式上的焰火表演

图片来源：新华网。

---

① 汶川地震 10 年：你还记得十五勇士那"惊天一跳"吗？[EB/OL].（2018-05-10）. http://www.xinhuanet.com/politics/2018-05/10/c_1122811701.htm.

这一年，也是我们国家走向辉煌的历史性见证。2008年8月8日晚上8点，世界各国的目光都聚焦于北京鸟巢。第29届夏季奥林匹克运动会圆了中国人百年的奥运梦。忘不了脚下的土地，也忘不了眼里的光，用再平淡无奇的语言讲述2008年，故事都能变得浓烈而浪漫。

"我和你，心连心，永远一家人。"中国与世界紧紧联结梦想，化为朗朗上口的奥运会主题曲，至今仍广为传唱。也正是从这一时期开始，中国在各方面与世界各国的交流日益紧密，既有共处互助的和谐，也难逃金融危机的风暴。福祸相依，悲喜无常，体现在宏大叙事背景下的国家关系中，也体现在那些触手可及的个人生活里。

当然，正是这些或无常或辉煌的时刻，汇聚成今天的面貌——这一让我们站在历史的镜子前，仔细端详和反省的面貌。2008年年末，《南方周末》发表了题为《没有一个冬天不可逾越》[①]的献辞，其中有段话，发人深省：

> 在这个时候，让我们回想，30年前，在改革开放之初的羊肠小道上，我们的父辈筚路蓝缕，何其艰辛。他们经历了多么复杂的年代，走过了多么长的路。今天，他们结束了对国家的使命，头发斑白，回想着自己与同辈如何开创了这个世界。我们的孩子生活在一个比过去更好的世界，我们可曾想过他们有权利生活在一个更好的世界？是否有一天当他们追问我们的故事，我们可以说，我们没有推卸责任，不负历史的托付？

回看2008年，再看今天，我们，是否真的不负历史？

从 PISA 旋风说起

富家不用买良田，书中自有千钟粟。
安居不用架高堂，书中自有黄金屋。
出门莫恨无人随，书中车马多如簇。

---

① 南方周末编辑部.没有一个冬天不可逾越［N］.南方周末，2009-1-1.

>　　娶妻莫恨无良媒，书中自有颜如玉。
>
>　　男儿欲遂平生志，五经勤向窗前读。

无论是"黄金屋"，还是"颜如玉"，这首《劝学诗》里表达的正是中国人崇尚读书、望子成龙的传统。

宋真宗写下这首诗，是为了鼓励读书人科举进取，参政治国，进而广招贤士，治理天下。对后世的国人来说，这些诗句则化为代代相传的金句，坚定了万千百姓以读书来安身、立家，甚至出人头地的信念。在中国各地的书院、文庙、商贾宅邸中也常常挂着一副对联：

>　　世间数百年旧家无非积德
>
>　　天下第一件好事仍是读书

中国人对读书、教育抱有某种执着。我们执着地相信读书对发家致富的作用，执着地期盼子女成龙成凤，甚至执着地相信中国小孩聪明程度领先于全世界，而根据仅仅是中国学生在国际奥林匹克竞赛中屡获全球第一。

可在教育如金似玉的 A 面下，隐藏着脆弱的 B 面，这恰恰是国人避而不谈的。当年的 PISA（Programme for International Student Assessment）考试就是一个典型的例子。[①]

PISA 调查由经济合作与发展组织（OECD）发起于 2000 年，每隔 3 年举办一次，PISA 测试不关注学生能否把自己学的东西复述出来，而是测试他们能不能在新的情景下运用、推断、创新，真正测评学生的能力与素养。

2009 年和 2012 年，中国上海的学生参加了这场"教育界的世界杯"，并连续两届取得总成绩第一的佳绩，震动了国际教育界。为此，不少国家来上海学习取经，中国式教育一时成为席卷西方的"旋风"。

这股教育"旋风"吹到英国，曾在汉普郡的一所中学掀起了一场实验。在

[①] PISA 是一项国际学生能力评估，旨在评估 15 岁学生在即将完成或完成义务教育后，能否掌握参与社会所需的知识与技能。

那里，5位来自中国的老师实施了4周的中国式教学。英国BBC电视台的镜头记录了这场实验，并集合成3集纪录片《中国学校，我们的孩子受得了吗》。

对于片名的问题，15岁的体验者兰斯基在接受采访时说："我感觉学生根本没有发言权，一切由老师说了算。有时，我们听腻了老师的讲课，但突然老师让我们回答我根本不懂的问题，一下子让我觉得非常不自然，我感到措手不及。"兰斯基说，她喜欢在课堂上表达自己的观点，并提出建议，但在中国老师的课堂上，她唯一学到的是如何快速抄笔记，并听老师"布道"，一切都是分数说了算。可见，外国的学生并不适应中国教育，甚至表现出内在的排斥情绪。①

所以，世界第一的佳绩说明了什么呢？事实上，PISA评测结果不仅局限于测试成绩。随后调查了参评地学生每周的校内上课时间和作业时间，从结果来看，上海学生的校内上课时间为平均每周28.2小时，在参评国家（地区）中位列第9位；但作业时间为平均每周13.8小时，远高于OECD平均的7小时左右，位列第1位。虽然上海学生在PISA中取得了好成绩，但如果考虑到时间投入，我们的教育成果是否值得沾沾自喜呢？

如今，中国式教育的"旋风"虽在质疑声中渐渐平息，可反思的声音不该止于此：我们的中国式教育到底强在哪里？为了这种"强"，我们究竟付出了多大的代价？我们国家万千青少年的创造力和好奇心还在吗？

高考是把"双刃剑"

中国教育在PISA调查中呈现的优势和劣势，其实都与高考制度脱不开关系，这也是我们在谈论中国教育时绕不过去的一把"双刃剑"。

对大多数中国人，特别是20世纪七八十年代生人来说，高考是一段充满理想、充满光明的集体记忆。那时中国刚经历了十年浩劫，恢复高考成为整整一代人改变命运的"龙门"。

---

① BBC纪录片：中式教学适合英国学生吗？［EB/OL］.（2015-08-04）. https://www.bbc.com/zhongwen/simp/uk/2015/08/150804_uk_chinese_school.

1977年6月29日至7月15日,全国高等学校招生工作座谈会在山西太原召开,会议形成的《关于1977年高等学校招生工作的意见》中提出"高等学校普通班招收学生,要逐步提高文化要求,一般要有高中毕业或相当于高中毕业的文化水平"。10月12日,国务院批准了教育部的这份意见,中断了11年的高等学校本科生全国统一招生考试制度终于得到恢复。成千上万的人重新拿起书本,加入了求学大军中。

重新恢复的高考让"知识改变命运"这句话变成现实,乃至对如今的社会产生了深远影响。特别是当今中国的"脊梁一代",高考的恢复让他们从上山下乡的洪流中脱困而出,实现了阶层跃迁,又搭乘了改革开放的春风,取得了如今的成就。新东方教育科技集团的董事长俞敏洪,就曾是在恢复高考后获得考试机会的学生之一。

不可否认,高考在刚刚恢复的时期,的确成为中国人才选拔的重要机制,发挥了重大的历史性作用。这一代人对高考的情愫也不可避免地传递

1978年春,北京大学迎来恢复高考后录取的第一批新生

图片来源:新华网。

到下一代，高考一度成为机会公平的代表制度。从这个层面上来说，高考至今仍是中国教育最重要的一根"指挥棒"。

然而，一旦高考成为"指挥棒"，便会带来一些衍生问题，如"唯分数论"、知识结构"标准化"等，让我们的学生只会"齐步走"。正是这根"指挥棒"，让教育改革流于表面，多少为素质教育摇旗呐喊者，仍徘徊在应试教育的老路上。

这种应试文化在社会蔓延的一个极端表现，就是造就了衡水中学这种巨型学校。在相当长的一段时间里，衡水中学被默许为"成功模式"，三五千人的小学，一两万人的中学，比比皆是。更有甚者，巨型学校纷纷走出本地，通过与企业合作，在全国各地"跑马圈地"。吊诡之处在于，像这样的巨型学校诞生、发展、扩张，毋庸置疑是"反教改"的，但它的的确确地取得了某种意义上的"成功"，也的确在一段时间内改变了一批学生与家庭的命运。

不仅如此，社会的应试文化还带来了另一个附属品，就是社会指向标的功利化。2012年，钱理群先生给"理想大学"写的一封题为《我们正在培养一批绝对的、精致的利己主义者》的信引起了全社会的热议。在信中，钱老的观点如一把利剑，戳破了许多社会表象。

第一，与应试教育无关的教育进不了中学，与就业无关的教育进不了大学。譬如，钱老提到大学新生一报到，学校相关部门就开始对学生进行职业训练与指导，让他们按求职需要来安排自己的四年时光。即使跨过高考，学生仍像是在流水线上被加工的商品，被用于提升学校这座大型工厂的升学率或者就业率，最后成为装点学校甚至地方政府门面的一组组指标数据。

第二，关于"绝对的、精致的利己主义者"。钱老认为他接触了很多这样的学生，甚至觉得这都成了一种新的社会典型。而更令人悲哀的是，这种"人才"恰恰是体制所欢迎的，他们高智商、高效率，正在被我们各种目标明确的教育机制培养成目标明确的逐利者，更为可怕的是，这些人正在成为国家与社会的接班人。

这也不是这些学生本身的问题，是我们的实用主义、实利主义、虚无主义的教育所培养出来的，这是我们弊端重重的中小学教育、大学教育结出的恶果，这是"罂粟花"，美丽而有毒，不能不引起警觉。

钱老给出的警示，可谓振聋发聩，我们何时才能从教育的幻象中走出？

"一双37码的鞋"

一次又一次的追问，无不引导着我们将思维触角深入问题根部，寻找内部的根源。如果我们将现存的教育模式比作"一双37码的鞋"，很显然，人们的脚是不一样大的。总会有一大批学生不适合穿这双鞋子，即便勉强穿上，也不适应、不舒服，走不远、跑不快。而这些"另类"学生往往被贴上"差生""失败者"的标签，他们的天性，或者说是天赋，会在家庭、学校、社会的反复质疑中逐渐被消磨。最终，大多数学生会继续被学校培养成一个又一个的"标准件"。

举个简单例子，近些年高考改革之后，部分地区的学生可自主选择科目参加高考。由于物理科目的志愿专业覆盖率最高，将来的就业前景更广，加之许多高分考生选择了物理，因此，一些学生和家长便认为，不选物理后悔一生。于是，不顾自身的学习情况，义无反顾选物理的学生大有人在。由此带来的后果在高中前期还不太明显，但是随着物理学科的难度逐渐提高，很多学生学得稀里糊涂，做题、考试时，脸上满是迷茫。从短期看，这可能会让孩子因为高考失败而折戟；从长期看，"强听"一门本就难以学会的课程，会让孩子的自信心备受打击。①

高考改革的愿景往往是好的，正如北京师范大学教授顾明远在介绍新高考改革时强调的那样：

> 高等学校的类别有很多，层次也有很多，用一张考卷要考这么多

---

① 新高考选科失败真实案例: 硬选物理，高中3年饱受打击. [EB/OL]. (2020-09-04). https://www.sohu.com/a/416497053_120687558.

不同的学生，显然不是很合理。有的学生平时成绩不错，但高考的时候一紧张，就没考好，这对学生来说是不公平的；有的孩子动手能力很强，但考试不一定很擅长，那么这样的孩子参加高考，用分数定终身，对这个学生来讲也是不公平的……①

但是，改革的措施在层层落实中会被不断地变异，最终仍然回到应试的老路上来。归根结底，中国人才上升的通道太窄，除了高考这一座"独木桥"之外，大部分家庭并没有其他改变命运的机会。即使经过多轮教育改革，在高考的指挥棒下，依然是中学强调升学率，高校强调就业率，地方政府强调高考的指标数据。

如今我们的担忧是：高考这种单一的选拔标准，已经跟不上社会经济与文化繁荣起来后社会对人才多样化的需求。这种专门化的教育的确可以培养"标准件"，却难以培养真正的人才，更不用说巨匠。为什么我们的学校总是培养不出杰出的人才？"钱学森之问"至今仍振聋发聩，促使我们对中国教育制度进行更深刻的反思。

为了祖国的花朵

阳光下，让每一朵花快乐、自由地成长，成长为多姿多彩的模样，是我们每一个人的期望。这每一个人不仅仅指教育工作者，也包括国家的主政者、家长，甚至学生自己。长期以来，社会、政府、家长都在探索和寻找好的教育方式，追根溯源，我们应该从哪些角度去思考，从而拥有更好的教育呢？

他山之石

在西方，学校教育最早出现在古希腊。英文中的school（学校）就是由希腊文schole演变而来的，本义是"闲暇"，这个词辗转成为拉丁语school，后又被英语借用。哲学家柏拉图和他的学生亚里士多德给青年讲课

---

① 徐蓓.专访顾明远：新高考，要从"招分"转向"招人"［N］.解放日报，2017-6-9.

的地方就被称作 schole。① 在古希腊人看来，从事劳作、战争和政治的人是很辛苦的，只有在闲暇时才能读书学习，享受学习的轻松与乐趣。追溯到最初的词义，可知学校本来是一个让人轻松享受乐趣和交流的地方。但是，我们现在的教育大部分已经背离了这一初衷，充满很多劳烦、苦恼。

其实，人类一开始并未有学校，学校是人类发展到一定阶段的产物，大概可以分为四个重要的历史发展阶段：一是前学校阶段，原始部落耳提面命的教育就属于这个阶段；二是旧时学校阶段，5 500 年前古巴比伦两河流域苏美尔人的"泥版书屋"、5 500 年前古埃及的宫廷学校、我国父系氏族末期的"成均"和"庠"，都是旧时学校阶段的代表；三是现代学校阶段，随着工业革命应运而生的现代学校，按照夸美纽斯的班级授课制构建，有统一的教材、教学大纲、上课时间、教学内容、课程设置；四是未来的新型学校，严格意义上说也可以不称为学校，而是一个"未来学习中心"。②

美国教育学家杜威认为，教育就是生长，就是生活。在他看来，教育不是像传统学校教育那样，把外面的东西强迫儿童去吸收，而是要使人类与生俱来的能力得以生长。受到此类思潮影响，近年来，西方国家的教育创新大量涌现。当然，也不免遇到一些问题。

第一个例子是由谷歌前高管创立的 AltSchool，倡导互联网时代大规模教学下的个性化学习。AltSchool 拥有一个由两百多名网络工程师组成的强大后台，以定制化教育为特色。学校会根据每个儿童的情况，每天给他们不同的学习任务卡片，指导他们自主学习。这所学校也因此被称为以儿童为中心、以项目为基础方式来实现个性化教学的学校。

第二个例子是特斯拉的创始人马斯克创办的 Ad Astra School。因为不满足传统学校只传授知识而不鼓励创新思考的现状，2014 年，马斯克让 5 个孩子退学，创办了 Ad Astra School（Ad Astra，拉丁语英文是"To the

---

① 张诗怡. 英语词汇的古希腊词源解读［J］. 中文信息，2017（11）：129.
② 朱永新. 未来学校：重新定义教育［M］. 北京：中信出版社，2019：3-4.

stars"）。在那里，学生不分年级，9点半开始上课，也没有统一的教学计划，只根据学生的实际能力和兴趣教学。当学生们在学"计算机科学"课时，因为进度、兴趣的不同，你可能会因此看到其中一组正在学 Scheme 语言，另一组则在学习 Swift 语言。与此同时，大概还有一组学生在捣鼓应用科学——他们准备在几周后将气象探测气球上升到高空，正计算应该在哪里发射仪器以及将在哪里捡回……到了下午，他们可能一起去拆开引擎，看看扳手和螺丝钉到底怎么用。有时候，他们还会一起做一个项目，比如小组合作写一份商业计划书。也就是说，虽然数学、英语、化学等常规课程是要学的，但更重要的是让学生理解并学会批判性思维，掌握提出问题、解决问题的能力。

第三个例子是一所 K6-12 的公立学校 Quest to Learn，它把游戏化学习变为可能，其创办者是一群游戏设计师和老师。这所学校认为现有的教育模式使学校和学生之间的互动程度越来越低，导致人们不知道如何合作。因此，他们设计了在游戏中学习的模式，通过问题环境设计、立即回馈、刺激动机来让孩子融入学科内容学习，达成教学目标。在那里，每个班级有 20~25 名学生，一天有 4 节各 90 分钟的课程。区别于传统的聚焦于单一学科的课程，该校的课程大多是跨学科性质的，整合了传统领域的数学、科学、历史、文学，以便学生能够以更真实的跨学科方式解决问题。

除了基础教育，美国旧金山的密涅瓦大学（Minerva University）也是打破传统教育束缚的另一个典型。这所大学就是一所具有多样化价值的学校，由哈佛大学前校长等一大批教育名流创办，具有互联网时代大学的典型特征。学校的创办者宣称，它的出现就是为了"颠覆哈佛"。密涅瓦大学没有教室、围墙、图书馆或游泳池，只是在旧金山租了一栋宿舍楼作为总部。该校学生第一年课程在旧金山完成，接受理论分析、实证分析、综合系统分析和多元模式交流四门方法论课程，不学习具体学科内容。余下三年，则由学生每学期自由选择去一个城市学习，例如香港、悉尼、孟买、里约热内卢、伦敦和开普敦，以整个城市为教育资源，以社会为课堂。

我以上所举的三个学校，哪怕在美国也是很新潮的，社会大众并没有完全认可，他们的办学理念也受到了一些质疑。2017年底，AltSchool在成立四年之后开始转型，关闭4个线下校区。

但多年来，发达国家的教育体制与选人机制一直在不断地探索与改良，甚至在没有"高考"的情况下选拔优秀人才。美国的高中生可以多次参加美国高考——ACT（Scholastic Assessment Test）或SAT（American College Testing），然后用最好的一次成绩申请大学，且申请时的文书（主要考查学生的兴趣特长、学习计划与社会经历等）也在大学录取中占重要比重。日本则每年有两次"高考"，分别是中心考试与二次考试，前者是全国统考，类似我国的高考，主要考查学生在高中的学业水平；后者则由各大学根据学校自身情况与考生志愿、特长自主考查，类似我国高校的自主招生。但二次考试还细分为一般入学选拔、推荐入学与AO入学，其中，AO入学是考生通过自荐到学校面试与体验教学，从而争取被录取。在德国、加拿大、澳大利亚没有高考，学生只需要高中文凭，高校招生完全由学校自主决定，主要考查学生的平时成绩与课外活动经历。

马相伯：中国教育的一味药

在中国教育改革史上，有一位先生的努力值得被永世纪念，他从政半生，却在花甲之年创办了一所大学。他就是震旦大学、复旦大学创始人——马相伯。

马相伯1840年出生于江苏丹阳，11岁时满身意气来到两百多公里以外的上海，苦学法语、拉丁语、希腊语等七国语言，攻读哲学、神学、数理和天文等学科，获得了神学博士学位。1870年，30岁的马相伯迈入而立之年，苦于一肚子的学问无处施展，便决意从政，一心救国。

因为马相伯天资聪慧，又是学识渊博，受到了许多人的赞赏。当时正值洋务运动，他将大半生的精力投入李鸿章主持的洋务运动中。他一生都在尝试挽救这个即将倾塌的国家，游走于各国之间，为中国谋取利益。无奈国没救成，却跟着李鸿章一次又一次签订丧权辱国的不平等条约。全国人民都骂他是汉奸、走狗。连他的母亲都不信任他，直到死都没有原谅他。他曾一度躲进上海土山湾孤老院，准备在黑暗孤独中等待孤寂而终。

1901年，蔡元培推开了土山湾孤老院的大门，特地找到他学习拉丁语，而他也对蔡元培倾囊相授。之后蔡元培又把自己的学生都带来跟他学习，而他不仅教授他们拉丁文，还教哲学、逻辑学、数学等。这批学生，堪称引领一个时代的"巨星"，其中就有黄炎培、李叔同、胡敦复、邵力子等风云人物。

马相伯相信，想要拯救中国，只有从教育入手。他深深赞同盛宣怀所说的"自强之道，以育人才为本；育人之道，以设学堂为先"。南洋公学学生运动时期，一百多名学生集体退学，无学可上，震旦学院因此成立，马相伯担任院长。

那是1903年，马相伯已经是个63岁的老人。震旦学院作为复旦大学的前身，由此诞生，在中国教育史上留下了浓墨重彩的一笔。

马相伯为中国的现代教育事业打开了一扇门。在办学理念上，马相伯极力主张"学术独立，思想自由"，拒绝以行政、宗教的名义干涉教学。为了不让宗教干涉学生思想，他公开宣布不让一切宗教教义进学校，制订了崇尚科学、注重文艺、不谈教理三条教学原则。更令人震惊的是，一百多年前，震旦学院就出现了学生自治的模式。这在还讲究"君君、臣臣、父父、子子"的晚清，简直是无法无天的异类。就算是在今天，也少有人有此远见、魄力、胸襟。

1904年，文学青年于右任，写诗抨击清朝统治，遭到清政府通缉，被迫逃到上海。背着"朝廷通缉犯"的"恶名"，于右任前来拜见马相伯，提出想要入学，本以为希望渺茫，没想到马先生却说："你马上回去，今天就取行李来入学，我免收你的学费、膳费和宿费！"

之后，在马先生的保护下，于右任易名"刘学裕"入学。没想到几个月后，马先生竟郑重地对于右任说："我知道你过去曾教过几年书，现在你的学识足以做我教学上的助手。从明天开始，你就是震旦的教师了！"如此有教无类，如此用人之魄力，怎能不叫人佩服？后来于右任成了国民党元老，他常常感念恩师马相伯："生我者父母，育我者先生。"

可就是这样一个伟大的教育家，在百岁时仍心有不甘。1939年，躺在病床上的马先生，对来看望他的年轻人说："我是一条狗，叫了一百年，也没有把中国叫醒。"兴学只为叫醒中国的马相伯被后人称为中国教育的一味药。生于乱世，长于乱世，死于乱世，马相伯走过了三个历史时代，企图用教育唤醒黑暗中的中国，这何其艰难。

教育变革不是一时能够达成的，而是需要一代代人去延续。在马相伯所创办的学校中，涌现了一大批知名教育人士。"日月光华，旦复旦兮"，虽然马相伯没来得及叫醒旧社会，但是他的弟子继承了马老之志，继续推动社会向前发展。

朱永新：新教育实验的发起人

教育的目的本应是追求美好生活。人们将大学这一学习的殿堂称为"象牙塔"，也寄托了对一个寄存理想、追求真理与美好的乌托邦的渴望。在当代中国，为了能够打破"37码鞋"的约束，有越来越多的人汇聚在教育创新的梦想之下。

新教育实验是一项民间的教育教学改革探索，由朱永新教授于2000年发起，主要是以教师的成长为逻辑的起点，以营造书香校园、师生共写随笔、聆听窗外声音、培养卓越口才等十大行动为路径，帮助教师和学生过一种幸福完整的教育生活。

2022年9月29日，全球最大教育单项奖"一丹奖"揭晓，朱永新教授凭借"新教育实验"的探索与实践荣获"一丹教育发展奖"。"一丹教育发展奖"评审小组主席、联合国教科文组织教育应用资讯科技研究院理事多萝西·戈登（Dorothy K. Gordon）表示：

> 朱永新教授致力于解决世界各地教育工作者在提高教育公平性和包容性时面临的一些最棘手的挑战。朱教授的工作以提高阅读、写作和交流为基础，旨在逐步改变学生的学习习惯和学习方式、教师的专

业发展方法。更重要的是，他提醒了我们：学习也可以充满快乐。

我关注到新教育实验，不仅因为朱教授是一名教育学专家、一名关心民生的政协委员，更是他二十多年如一日为教育理想而奔走的行动。他倡导"过一种幸福完整的教育生活"，是真正把理想躬身付诸实践的教育家。新教育实验如今已经惠及全国 8 300 多所学校、50 多万名教师及 800 多万名学生，其中超过半数来自农村及偏远地区。无论是公共场合还是私下聚会，朱教授挂在嘴边的不是新教育那些奖项，而是很多一线教师的来信，他们从新教育实验的营造书香校园、师生共写随笔等行动中获得了专业上的成长，甚至职业人生的长足发展。

朱永新教授曾在其演讲《教育的力量》中指出，教育最重要与最本质的特征，就是让人成为人。人只有通过教育，才能成为一个真正意义上有精神的人。朱教授提出："从政府的角度来说，为所有人提供优质均等的教育资源是确保教育公平的基本做法，但对于公民个人而言，选择最适合自己的教育才是最公平的。"当教育改革进入新阶段，从"补短板"向"多元化""个性化"转变是从根本上推进教育公平的有效途径。

在中国大地的西南角，就孕育出了中国教育创新的"大理现象"。其中，猫猫果儿社区学校就被很多人认为是大理最有名的新教育学校，那里的孩子目前都是大理旅居的外地人。猫猫果儿现在分幼儿园和小学两个部分，幼儿园 60 个孩子，混龄不分班，但会分小组，孩子自己选择小组；小学除了已毕业的老六年级是混龄班，其余年级不混龄，每班不到 20 个学生。这所学校认为，任何教育都不可能孤立存在，家、校、社会是三位一体的，都致力于培养有感知幸福的能力的孩子。诚然，这一类型的"学校"目前仍有争议，这种教育模式是否兼具公平与质量还有待评判，但无可否认，它们在一定程度上向具有不同需求的受教育者提供了有针对性的服务，探索了新的教育路径。

教育怎样，我们的时代就会怎样——抱着这样的信念，光华开启了教育探索之路。投身教育时，我的想法很简单：一是避开高考的"指挥棒"，满足社会多元化的需求，追求一种更广意义上的教育公平；二是从其他国家的教育体制中获得一部分启迪，去发现中国教育的另一种可能。为此，家长要变，教师要变，教育的评价制度也要变。

如今，互联网改变了很多行业，当互联网与教育结合，当新技术与教育碰撞，我们需要新的视角，才能突破固有的观念，开启崭新的格局。无论你参与了改变，还是仍在局外，改变都在进行中。我们需要的或许不是预测，而是去创造另一种局面的勇气。

我坚信，每个孩子都是一朵花，都有自己不同的绽放时间。为了打破教育的板结现象、挣破期待的束缚，我们走上了国际教育与创新教育的道路，希望能为中国教育开辟更多新的可能。我们希望，孩子们不再仅仅是统一绽放在春天里的红色花朵，而是按照自己的节奏在暖春、金秋甚至酷夏、寒冬里以各自最美的形态肆意盛放的五彩缤纷的鲜花。

第二章

11个学生的学校

光华诞生记

"与其坐而论道,不如起而行之。"可能是一时的冲动,也可能源于中国教育让我们焦虑的现实。无论是周遭的求学故事,还是孩子成长过程中面对的种种无奈选择,都催生出一种责任感,在2008年初,我下定决心要创办一所我理想中的学校。

地缝里钻出的灌木丛

创办一所新学校,最重要的是选择从什么样的切入点入局。2008年,民办学校发展迅速,全国各级各类民办学校(教育机构)共有10.09万所,包括民办幼儿园、普通小学、普通初中、职业初中、普通高中、中等职业学校、民办高校和其他高等教育机构,各类学历教育在校学生达2 824.4万人。[1]对于民办教育的现状,俞敏洪曾以"水泥地缝中钻出的参天大树"来形容,但放在更长的时间维度来看,无论民办教育是灌木丛还是参天大树,枝繁叶茂是一时,风吹雨打才是主题。

---

[1] 中华人民共和国教育部. 2008年全国教育事业发展统计公报. [EB/OL]. (2009-07-17). http://www.moe.gov.cn/jyb_sjzl/sjzl_fztjgb/201002/t20100205_88488.html

回顾中国民办教育的历史，让我们将时间拨回到1992年。"南方谈话"后，社会办学力量快速发展，对社会力量办学的立法层次也由规章提高到地方性法规、行政法规乃至法律层面。1993年，国家的教育主管部门提出"积极鼓励、大力支持、正确引导、加强管理"的民办教育发展16字方针。20年间，民办教育逐渐形成一个庞大的产业链，其中涌现出许多规模庞大、品牌知名度高的教育培训机构，一些民办中小学、学前教育机构等也逐渐获得社会认可。

1993年，新东方正式创立。俞敏洪从北京大学辞职，自己贴墙刷广告，在肯德基里办学，找废旧的工厂厂房办学。就是这样一所一开始几乎无人看好的学校，仅用了8年时间，就从海淀二小走出来，分别在上海和广州开办分校，成立新东方集团；5年后的2006年，新东方在美国纽约证券交易所上市，成为中国大陆首家在海外上市的教育培训机构。培训机构市场上除了新东方这样的"巨无霸"，后起之秀中不少机构如2003年成立的学而思，也于2010年在美国纽约证券交易所挂牌上市。

2000年起，在广东，华南师范大学附属中学、广东实验中学等重点公办学校纷纷与企业联合新建民办学校，民办学校的格局发生了重大转变。一个离我很近的例子来自上海，1996年，上海万科房地产（集团）有限公司与复旦大学附属中学签订协议，联合兴办一所九年制民办学校——复旦万科实验学校。

一方面，无论是新东方还是复旦万科，当然还包括2007年创办的包玉刚实验学校等，都让我们看到了民办教育，尤其是具有国际化特色的民办教育所具有的广阔前景；另一方面，一些所谓的全日制民办学校不过是公办名校的一个替身，纯粹依靠社会力量办学的学校仍然面临巨大的挑战。

重要的决定

对历史的回眸与对现实的凝视都让我日益坚定了办学的信念。因此，我回到了自己的出发点——对全日制中小学阶段教育的关切，并最终锁定了大学培养阶段之前、义务教育阶段之后的高中阶段教育。

除了锁定教育阶段，我身边实实在在的教育案例也让我有了从哪里入局的思路。在我身边，有不少学生高中毕业后出国留学的案例。从历史数据中，我们也可以更加宏观地了解留学热潮。1978年改革开放之初，我国出国留学总数860人；至2008年底，我国各类出国留学人员总数达到139.15万人，仅2008年一年，全国出国留学人数就达17.98万人，创出历史新高。①30年间出国留学规模扩大了209倍。

留学需求的爆发，也催生了2000—2009年国际学校的井喷式发展。据统计，截至2009年，我国共有国际学校357所，其中公立学校国际部84个，民办国际学校172所，外籍人员子女学校101所。

然而，快速增长的数据背后依然存在一些问题。2008年正处于民办学校"黄金十年"之末，但即使是在中国经济最为发达的长三角地区，留学市场依然还不成熟。普通家庭的孩子若想要做出留学的选择，高昂的费用还只是诸多问题中的一个，更重要的是，正规的留学培训与国外大学预科教育在国内还极为稀缺，具有高学历、专业化的国际教育人才更是凤毛麟角。除了外籍人士子女学校之外，当时所谓的国际学校教学质量参差不齐，存在很多争议。

显然，当时的留学市场增量迅速、潜力庞大，又群雄割据、乱象丛生。尤其是在排除新东方这类以语言培训为主业的教培"巨无霸"后，全日制民办学校还处在一个市场集中度极其分散的状态。因此，只要手中有一张好牌，还是能够从这复杂的牌局中打出亮点来的。学校能不能站住脚，那要靠实力慢慢证明。

如果要入局国际学校，那张好牌在哪里呢？

教育是内容为王的事业，课程是办学的基础。综观上海的国际学校，最主流的国际课程有3类，分别是：A Level（General Certificate of Education Advanced Level，英国高中课程）；IB（International Baccalaureate，国际文凭组织课程）；AP（Advanced Placement，美国大学理事会课程）。现有学校的课程体系大多采用其中的一个。

---

① 中国教育部留学服务中心.[EB/OL].http://goabroad.sohu.com/s2009/cscse20.

在花了大量的时间去研究这 3 类课程之后，我将目光锁定在 A Level 课程上。2003 年，剑桥 A Level 课程被引入中国大陆，并成立了深圳国际交流学院，其创始人之一梁洵安先生在 2003 年离开后，于 2005 年与上海师范大学合作开办了上师大剑桥国际中心（后来独立发展，改名为领科教育）。创办学校时，我也曾考虑过和已有品牌合作的办学形式。但不论是与公办学校还是与高校合作，两种形式在品牌后续发展中都或多或少存在着限制和羁绊，于是我下定决心创立属于自己的新品牌。

来之不易的招牌

办学的决心已下，紧接着就是起名的问题。这所学校应该起一个什么名字？很长一段时间里，我都辗转反侧，难以抉择，如同对待自己即将出世的孩子的名字一般。

2008 年初，我，即将从复旦大学博士毕业，对校园依然恋恋不舍。我想，对充满理想主义与浪漫主义的象牙塔生活的怀念，本来就是我想要创办一所学校的原因之一吧。于是，每当我有问题，苦思而不得其解时，都会回到复旦大学的校园，在光华楼前走一走，每每也真能在徜徉中获得灵感。

这次也不例外。

"日月光华，旦复旦兮。"复旦大学的校训由其创始人、老校长马相伯先生选自《尚书大传·虞夏传》中的《卿云歌》，寓意自强不息——这种对美好生活的向往、对理想的执着追求、对民族复兴与国家富强的担当。我想，我如果要办学校，那这所学校的精神气质，应该是与百年前马相伯先生所带领的那一批青年人一脉相承的。

既然如此，何不就叫它"光华"？

我兴奋得一拍大腿，当天就去民政局核名，然而，一盆冷水紧接着就浇到我头上——负责核名的民政局办事人员 F 女士查阅后告诉我，"光华"二字已经被注册。

早在 1925 年，上海就有一所光华大学。1925 年，震惊中外的"五卅

光华大学第一次开学典礼
图片来源：百度。

惨案"发生后，圣约翰大学的 553 名学生及包括孟宪承、钱基博等人在内的全体华籍教师 19 人集体宣誓脱离圣约翰大学，次日便商议自行设校事宜。而后，社会各界纷纷资助，于同年 9 月正式成立了光华大学。

抗战时期，光华大学贤才辈出。除了孟宪承、钱基博、罗隆基等一批创办者外，胡适、徐志摩、梁实秋、钱钟书、田汉等一大批大家都曾在光华大学任教。直到 1952 年院系调整，光华大学才逐渐淡出历史。然而，光华大学对中国，尤其是对上海的影响尤为深远。因此，一批华东师范大学的老校友们注册了"上海光华进修学校"这个机构，这才有了我被告知无法注册的一幕。

这一段时间里,一方面,我对"光华"这个名字依依不舍,另一方面,由于我深知"光华"二字对华东师范大学这一批校友意味着什么,更何况,别人注册在先,我们也不忍主动去找老先生们割爱。于是,注册办学一事就在名字的反复推敲中搁置下来。

直至2008年初夏,我突然接到了F女士的电话。

"告诉你一个好消息,华师大老校友们注销'光华学校'了,你们有机会注册了。"

挂掉电话,我兴奋不已。当天下午,我就立刻去注册了"上海光华进修学院"。时至今日,每当说起光华这一段注册成立的故事,F女士还笑称,比她"生孩子都难"(我们开始注册学校时,F女士正在怀孕待产中,等到学校注册出来,孩子都好几个月了)。

2008年8月8日,是举世瞩目的北京奥运会开幕的日子。而对于我们来说,它还有一个更为特殊的意义——上海光华进修学院在这一天拿到了登记证书。经历了办学阶段的调研以及对学校名字的思索,当我拿到这一纸证书时,心中不禁涌上万千感慨。至今,这张珍贵的营业执照仍然保留在我们的

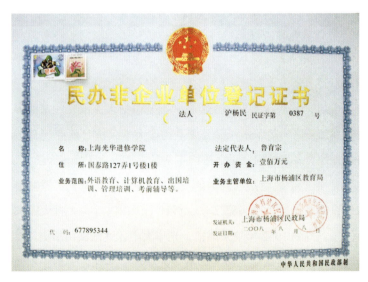

2008年8月8日,上海光华进修学院拿到第一张民政局授予的"民办非企业单位登记证书"

学校档案馆,它就像一个金色的灯塔,时时指引着我们不忘来路……

摸着石头过河

虽然创办光华并不是我的第一次创业,却是我第一次入局教育领域。同每一个创业者一样,在一个全新的领域,我不得不摸着石头过河。

在中国办教育不是一件容易的事情。多年以来,中国教育改革阻力重重,其深水区的问题也在创办光华的过程中被一一摆在我的面前。但即使这样,创办一所理想中的学校的信念并不动摇,在许多人的帮助下,我逐渐看到了光华的晨曦。

初创团队是根

我对教育问题一直非常痴迷,在我办教育之前,已经有不少研究课题和著作是关于教育的,但在 A Level 办学领域,我几乎还是一个新手。多年在复旦大学从事基金管理工作的经验告诉我,对于一个初创的项目而言,优秀的团队几乎就是成功的保障。

我在筹备学校之初,就开始与优秀的办学团队接触。

最先接触并加入创始团队的是张铁光博士,第一次与张博士的正式会面是在上海徐汇区的一家饭店,我俩讨论了一起办学的可能性,张博士给了我很大的启发。2002 年,张博士从英国回国,开始从事国际教育,是中国最早从事 A Level 教育的专家之一。在

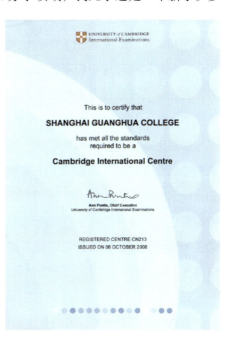

剑桥大学国际考评部授权证书

张博士的引荐下，加拿大留学归来的毛克非博士，也加入了光华的初创团队。张铁光博士和毛克非博士分别担任光华第一个校区（光华控江）的院长和执行副院长。

经过半年多时间的筹备与报批，2008年8月8日，上海光华进修学院终于获得批准成立。同年，我们获得了英国剑桥大学国际考评部（简称剑桥国际）的正式授权证书，成为剑桥国际中心，这标志着学院可以合法开展A Level课程教授，并成为剑桥国际全球考试的考场之一。

只有院长与副院长当然还不够。襁褓中的光华要面对水、电、煤气账本，以及师生们的吃住行问题，每一件细微小事都事关师生的生活，马虎不得。这时，叶定壹、王裕华等年轻人又先后加入了团队。叶定壹是个年轻的小伙子，他负责行政和校区对外联络工作；王裕华是个小姑娘，负责人事与财务工作。至此，连同我在内，光华控江的管理班子初步搭建完成，下一步就是招聘教师。

即使在今天，民办国际学校想要招到一名优秀的老师，依然是一件困难的事情。首先，在中国人的传统观念中，"编制"仍是一件很重要的事情，尤其是对教师这个职业而言；其次，无论从办学声誉还是办学规模来看，公办学校都比民办学校要更具竞争力。因此，对于2008年刚刚创立、几乎"一无所有"的光华而言，招聘教师的困难可想而知。

面对困难，我们仍然严把学历关，招聘了一批对国际课程教学热情饱满的中国籍年轻教师。而除了中籍教师外，我们还需要高水平的外教为我们这所国际化学校注入一些不一样的"基因"。其中比较有代表性的一位是美国佩斯大学金融学博士、工商管理硕士Edward，他主教经济学，同时被聘为光华学院的副院长；另一位英国籍物理教师David是牛津大学的物理学博士。

至此，大家基本可以看到光华初创团队的大致架构。

我是学金融的，作为创始人，为光华解决证照、团队和经费问题是我最核心的工作。当然，我也参与一些管理工作，将我办学的一些理念注入其中；但更多时候，我会将管理工作交给更加专业的人。时至今日，"专家办学"依然是光华的企业文化，被写入集团的基本理念之中。

一批具有国际教育工作经验的人组成了这所初创学校的管理与教学的中坚力量，他们的办学经验和专业精神对光华初创团队整体的培养做出了重要的贡献。

接下来，越来越多的年轻人逐渐加入我们，他们赋予了年轻的光华活力与闯劲。我一直相信，只要给予年轻人正确的引导与充分的信任，他们便可以创造惊喜。在后面的岁月里，光华也一直是年轻人职业成长的舞台。

课程是土壤

对一所学校而言，课程就是它的土壤。我们选择的 A Level 课程体系出自剑桥大学，剑桥的大学精神被溶解进它各个学段的课程设计中，潜移默化地影响着学生。

但我知道完全照搬英国的教学模式也是不可取的。首先，在上海乃至全国范围内，已经有一批 A Level 学校存在，而且经营状况尚可，譬如上文提到的深圳国际交流学院，以及几所与公办学校合作的国际部。这些学校或依托公办资源，或聘请外方校长，打造外教团队，各有一套制胜的法宝，课程只是工具。其次，论课程的原汁原味，民办的国际学校也无法与外籍人士子女学校相比。因此，我认为光华的课程应该在 A Level 的基础上进行文化融合与内容创新，尤其是要适应中国学生的学习习惯，尊重他们在体制内初中打下的基础。所以，在光华，我们从来不去强调有多少外籍教师，这在当时的市场竞争环境中还是冒了一些风险的，后来的事实证明我的判断是准确的——中国人一样能理解好国际教育，教好国际课程。

在最开始的办学过程里，光华还没有形成比较规范的教学管理制度。所以，更多的时候，我们是依靠有经验的教师来发挥作用。譬如，外籍教师教学线条较粗，教学理念更注重学生自主学习，他们脑海中没有所谓针对考试来讲解题目这一说法。但是，他们的课堂活泼生动，比较适合吸引学生对某个学科产生兴趣从而开始体验与思考。至于更深层次的课程讲解，我们交给了中籍教师——他们多数具备留学经历和硕士以上学历，都能全英语授课；对于深奥而生疏的学科内容，他们部分采用中文讲述，是为了避免学生们在初次接触知识点时，因语言问题而产生的理解偏差。此外，中、外籍教师也会通过教研组的形式展开交流，当发现课程内容不太适合中国学生的学习现状时，我们就组织教师自己编写补充学习材料。在这种分工配合下，我们逐步积累了一些教学经验。

第一个例子是以林柯老师为代表的英语教学组。林老师在高校从事过多年的英语教学工作，并参加过多个省级英语教学科研项目，对英语教学理论有自己的理解。因此，她与光华的其他老师一起在英语教学方面做出了一些新的尝试。

首先是课程设置方面的尝试。光华学生每周英语课时是普通中国高中生的 2～3 倍，其中，针对中国学生口语较弱的情况，老师们在教学中加大了口语课的课时。此外，光华还采取 5 人一班的小班教学制度，由两位外教负责，一位中方教师辅助。从教学实践来看，口语课教学获得了很好的效果，一些开始不愿开口的学生，在宽松自然的口语课堂环境和教师的鼓励下，逐渐开始愿意用英语交流。听力课程以课上教学与课后作业相结合的教学模式进行。课上，老师选取最新的地道英语材料，对学生进行精听的训练；课后，教师每周会给学生一定时长的听力材料。这种课上、课后相结合的听力教学模式在学生听力提高方面做到了量的保障。

再者是英语教学理念及模式的改变。在英语教学过程中，光华教师始终坚持提高学生的英语实际运用能力这一原则。在精读课程中，英语教学不再以过去传授语法知识为主，而是在教学过程中淡化语法，加强词汇，以一个话题为中心，扩展与话题相关的词汇。同时，我们开设了泛读课程，以提高学生阅读速度，培养学生捕捉有用信息及理解文章大意的能力。

最后是学生的个别辅导。由于学生们来自不同的地区,英语教学条件差别很大,学生在来到光华学习以后,也表现出英语能力的巨大差异,因此,学校在日常教学中充分体现灵活性——对英语较弱的学生,每周多安排三节英语课以一对二、一对三的形式进行更具针对性的辅导。

第二个例子是情商培育。赵清隆老师在教学中不仅传授专业知识,而且会把培养学生的情商贯穿其中。通常,他会把所教的课程内容平衡地分为两类:第一类是"智商"课程,如地球气候变暖与水平面上升、航空航天科学等课题;第二类是"情商"课程,如对自我的认知、对情绪的反应、对感情和生活挫折的应对、对人际关系的处理等课题,课上也会进行有关人生观、价值观与道德理念的材料的阅读。

第三个例子是张欣悦老师所讲的西方经济学课程。西方经济学是 A Level 经济学课程的核心内容,其特点是分析研究方法较多,经济模型复杂,需要借助大量的数学分析和图形。为克服传统教学方法的缺陷、提高教学效果,张老师每次备课时,会将繁杂的数学推导和模型转化为直观生动的 PPT 演示,这样既可以节约课堂板书时间,又可以使学生清楚地了解图表曲线的变化过程,加深学生的理解程度。在 2008 年左右,并不是所有学校都接受电子化教学,他们认为过度使用信息设备会干扰师生正常学习,但我们始终是开放的,只要对学生的学习确实有提升,任何技术与手段都可以考虑。

以上述三个案例为代表的这些早期教学实践为光华积累了非常宝贵的经验。其中最重要的经验是要考虑中国学生的学习基础与习惯,做到教学计划制订与实施的个性化,这启迪了我们后来孵化"个人学校"等事业平台。其次,我们非常重视学生在学习与生活中的"体验感"与"自我表达"。我认为,中国的学生受社会与家庭的影响,个性相对内敛,而光华给予他们一个发挥自己天性的空间。我们把《来自美国最优秀教师的建议》列为光华教师必读书目,书中的每一位孩子都被形容为一朵校园里的玫瑰,无论它开花的时间快或慢、早或晚,只要假以时日,一旦开花,它都是美丽、典雅、尊贵的。

光华的种子

生源对学校的重要性是毋庸置疑的,但是,2008 年初创的光华默默无闻,还远远不到可以像传统名校那样挑生源的时候,甚至为了招到第一批学生都煞费苦心。实事求是地说,我们第一届 11 名学生中,大多不是在传统应试教育中成绩最为拔尖的,但他们是光华的种子,这些种子能不能在光华生根、发芽、开花、结果,事关光华的未来。

一个学生也要开学

2008 年获得办学许可之后,招生工作就紧锣密鼓地展开了。2009 年春节前,学校招生团队就开始在各地进行招生宣讲。招收春季班本来就有些尴尬,其实大家都没有把握可以招到学生。

刚开始,只有极少数的学生面试,而且来面试的学生往往成绩不是很理想。当时负责招生的李老师回忆往事时说,等学生测试完,老师们会迫不及待地当场批改试卷,生怕漏失一个生源。

回想当年的招生,最难的地方在于中国家长对于 A Level 课程并不十分了解,即使是身处国际化大都市的上海家长,对国际课程也是一知半解。

改革开放后,很多家庭希望孩子将来能具有国际视野,因此,不少孩子初中毕业就被家长送到国外上学,期盼他们能进一步考入国外大学。这些被称为"小留学生"的孩子,从小在父母呵护下成长,猛然被放到一个语境和文化完全不同的国家独立生活,出现诸多问题是可以料想的。

相比之下,先让孩子在国内学习国际高中的课程,在国内参加 A Level 课程考试,然后申报国外大学,是一条风险比较小的求学途径,也是符合学生成长规律的较好过渡。那时在媒体上曾有过类似"哈佛女孩"等中国学生被世界名校录取的报道,让许多家长追捧他们的培养经验。

然而，这些例子一般来说是个案，他们的经验并非别人能效仿的。与此相比，剑桥 A Level 课程则具有普遍性，是一种规范化、有章可循的教学体系。

为了让更多家长了解这一点，招生团队最先去的城市是温州。他们把握一切机会，尽可能地让更多家长了解什么是 A Level，什么是光华。除了开拓外地生源，当时几乎所有光华的老师，不论中教、外教，也都加入了发传单小分队。可以说，沪上各个初中学校门前都留下了光华老师的身影，他们将一份份"出国意愿调查"的问卷发到了潜在学生的手中。我们通过表格筛选有意愿的学生，邀请他们来参加招生说明讲座。我们也购买了百度关键词，我每天盯着百度的客户入口，看看每天有多少人点击光华的网站。

就这样，我们陆陆续续录取了二十多名学生，他们当中，就有不少学生是老师们在各学校门口发传单招来的。

布置完毕的招生咨询会场地

春季开学前，招生团队本来设定了 6 名学生的开班指标。但是到了真正开始收费的时候，大家都在观望，只有一个家长愿意先交费。院长跟我商量，春季到底开不开学，我坚决地说："开弓没有回头箭，哪怕只有一个学生，也必须开学！"看到我们办学决心和信心，家长们陆续带着小孩来光华求学。

2009 年 2 月，光华学院举行了第一届学生开学典礼，迎来了光华历史上首届 11 名学生。

第一批果实

光华最早一届学生 11 人，教职工大约 20 人，只开设了数理化和经济、英语等门学科。老师比学生多，也就能给予每一位学生最大程度的关注与了解。如今在上海"四大"会计师事务所工作的常亦雯对十几年前的光华故事如数家珍。提起班主任"李子"、物理老师"小单"、化学老师 Nancy、经济老师 Edward……她像称呼班内的同学一样提起这些老师。常亦雯清晰地记得："我们是第一次做高中生，李子、小单她们也是第一次做老师。国际课程教学、留学申请、暑期游学该怎么做，老师与学生处于共同成长和进步的状态。"

时光荏苒，这 11 名学生现在都已经是而立之年，成长为社会精英人才。当他们回忆起在光华的校园时光时，多数人表示，当时老师人数比学生都多，让他们的个体成长得到了充分的关注。这也是他们当时选择光华的重要原因之一——他们期待一所"小而美"的国际学校。在这里，教学能够真正做到个性化，因材施教理念可以最大限度地施展。

黄俊诚是光华第一届毕业生中的一个代表。

2008 年，黄俊诚从浙江金华来到沪上求学，这个小镇少年后来成为光华历史上第一个收获剑桥大学录取通知书的学生，这其实是出乎大家意料的。他刚来光华的时候，英语比较薄弱，不会上网，连电子邮件都不会发。好在他肯吃苦，能坚持，志向高远。经过两年的淬炼，他在 A Level 的考试中获得了 4 门课 A*AAA 的好成绩，这为他申报剑桥打好了基础。

后来，黄俊诚得到了剑桥大学女王学院的青睐，面试通知来了，要求他准备一个能够反映其对机械工程的爱好和理解的展示项目。从接到要做项目的通知到去英国面试的时间只有一个星期，在这么短的时间内完成一个项目，对任何人都是巨大的挑战。为此他专程回金华，把小时候制作的弹弓、水枪、捕捉知了的工具和用松果粘成的艺术品拿到学校，一一拍了照片，组合到一个文件里。

剑桥博士出身的张铁光院长知道仅有这些还不够，又建议他用科学的基本理论和方法对水枪的机理进行分析。在院长的指导下，他使用了数学模型分析了水枪活塞推进速度和水喷出速度的关系，并画出活塞推进力和推进速度变化的关系曲线图。如此一来，大大提升了这个小项目的完整度和科技含量。直到出发前一天的晚上7点多，他才在学院外宣办缪俊老师的帮助下，完成了项目报告的排版工作，并用彩色打印机打印出来。除此之外，我们还为他安排了模拟面试，牛津大学博士David Zekria是他的指导老师，他的指导具体生动，很有启发性。

从那时起，光华有了"送机"的传统——对于出国面试的孩子，教师们会到浦东机场送机。送机路上那短暂却宝贵的时光，是教师们与学生沟通的重要机会。"我们一路上给孩子叨叨，告诉他们申请的专业具体是做什么的，让他们从整个专业的专家以及高校面试官的角度去思考和回答问题。"最终，黄俊诚不仅成功收获了剑桥大学的预录取，还拿到了帝国理工、布里斯托大学、拉夫堡大学和巴斯大学的多份录取通知书。2011年9月，这位光华少年怀揣着对未来的美好期待，登上飞往英国的班机，前往剑桥大学深造。

几乎是1:1师生比的高配版升学指导，让首届11名学生参加AS课程考试便考出了亮丽的成绩——有70%以上的学生三门及三门以上的科目全部获得"A"；他们的数学考得尤其好，超过90%的同学获得"A"，这中间超过80%的同学甚至拿到特优的"A*"。最后，光华首届11名学生全部收到世界知名大学的录取或预录取通知书，人均获得超过4份录取通知书。

所有的家长都有这样的感觉，当初是怀着一种冒险精神把孩子送进光华的，最终却欣喜地发现，这个选择让孩子在毕业成绩和个人发展方面都超出了原有的期待。

光华首届学生毕业去向表

学生	就读大学	学生	就读大学
林同学	帝国理工学院	金同学	纽约长岛大学
薛同学	帝国理工学院	苗同学	普渡大学
黄同学	剑桥大学	潘同学	威斯康星大学麦迪逊分校
李同学	伦敦大学学院	郑同学	多伦多大学
陈同学	诺丁汉大学	施同学	西蒙菲沙大学
常同学	弗吉尼亚理工学院		

2011年6月13日,是上海光华学院剑桥国际中心举行首届学生毕业典礼的日子。在毕业典礼大屏幕上播放着的,是毕业生自己拍摄、制作的视频,还有几十位家长的祝福和嘱咐,以及学生们充满个性的头像。颁发毕业证书后,学生们回到熟悉的校园里拍摄了毕业班集体照,那一刻,照相机闪光灯亮起,记录下了他们青春可爱的模样,也为他们的国际高中生活画上了一个完美的句号。

上海光华学院剑桥国际中心举行首届学生毕业典礼,前排为光华首届毕业生

第三章

漂在魔都

办学校绕不开场地问题,但在寸土寸金的上海,一所成长中的民办学校想要物色到一个适合自己的场地,谈何容易?现在的光华,几乎每一座校园都占地 100 亩以上,我们不必再担心校园场地的问题,而是已经到了追求校园的设计感与科技感的阶段,这在初创时几乎是想都不敢想的。我们在上海这座处处是机会又处处有难题的"魔都"走走停停,向前的脚步却越来越坚定。

辽源东路 40 号

光华控江

最开始,我们把目光放在了发展潜力巨大的浦东。

2008 年的浦东场地相对富余,又即将迎来上海世博会,土地升值潜力巨大,且高素质人才的数量井喷式增长,我认为非常适合光华发展。可是,叶定壹去看过几个场地后表示有些失望,不是空间比较老旧,就是配套不完备,一个看似核心地段的场地未来再怎么花力气改造也不适合办学。

正值一筹莫展之际,转机出现了。我们得知,杨浦区控江中学恰巧有部分闲置的教学区和宿舍。

我在杨浦度过了从本科到博士的大学时光,对这里是再熟悉不过了。

杨浦区是上海教育的重地,我的母校同济大学、复旦大学都坐落于此,这里还有上海财经大学、上海理工大学等十几所高校,被誉为"上海学府中央区"。杨浦不仅高校林立,基础教育资源更是令其他区艳羡,被戏称为上海高中"八大金刚"之一的控江中学,就是一所升学成绩令人瞩目的名校。

可"金刚"也有难念的经,即便是像控江中学这样一所根正苗红的公办学校,也难免遇到一些办学烦恼,其中就有"全国班"的问题。"全国班"是可面向全国招生的班级,最初是政府为解决外地来沪人才子女教育问题而设立的,控江中学因此获批新建了一幢楼用于扩大办学。可是这种政策红利未能持续多久,因为上海其他区陆续曝出办学不合规的问题,上海所有的"全国班"就被叫停了。

风云突变后,光华控江的故事就此展开。

控江中学新建的这幢位于杨浦区辽源东路80号的学生宿舍,条件相对优越,基本按照宾馆的标准建设,与此对应的,运营成本自然也高。而当"全国班"被叫停后,这幢高标准宿舍楼的维护费用就成了问题。光华在这

控江中学实验楼,当时的院长办公室就是这样小小的一间

个时候入驻，可以说是恰逢其时，既帮学校解决了难题，也让我们拥有了一处与国际学校定位相符的办学场地。

与控江中学签署合作协议后，我们按照计划改造了这幢宿舍楼，使其有正常的教室可以用于教学，其中还包括控江中学与光华共同使用的一部分教学场地，如实验室、语言教室等。而我们最初的一间办公室就位于走廊尽头的楼梯口处，初始管理团队就从这里开始办公。

15年过去，我仍然感激控江中学给予我们创业的第一块地盘，它让光华的星星之火在辽源东路得以点亮。当然，我们签约时已经非常清楚，利用这幢因为政策调整而允许光华使用的楼并非长久之计，因此我们并没有停止寻找新办学场地的脚步。

"校中校"困境

后来发生的事情，也印证了我们开始时的担忧。

有一天晚上接近9点钟，光华的同学们突然接到第二天不上课、去春游的"好消息"，便高高兴兴地收拾行李准备一早就去共青森林公园。但孩子们不知道的是，那个晚上我和学院领导们几乎彻夜未眠，陪同他们快乐游戏的老师们又隐藏着怎样焦虑的心情。

因为就在春游通知发出前的两个小时，我们接到了中学管理部门的紧急电话，示意相关部门次日要来学校检查，要求我们不可在校园内教学。已经入夜，我们该如何应对？面对突发状况，我们紧急合议，急中生智，连夜联系了几辆大巴车，组织了这次春游活动。

一切看起来太仓促了，事实是，由于政策变化，这种"校中校"的办学模式开始不被允许，先是全国班、复读班的营收项目全部停办，后来校舍租借的情况也被全面画了"红线"。

随着光华招生规模的扩大，开始关注光华的人越来越多。因此，一方面，我们的办学空间逐渐显得有些捉襟见肘，许多创新性的课程在控江无法开展，合用的空间需要协调的次数越来越多；另一方面，随着政策不断收紧，光华与控江中学的场地合作不可避免地出现了一些质疑声。

所以，春游过后，光华应该何去何从？我们面临着不得不新辟办学空间的处境了。

政熙路 2 号

光华复旦

2010 年，光华控江的第一批毕业生还没正式毕业，但几次考试的成绩在上海国际教育圈打出了名气，学生与家长们纷沓而至，使得原本控江中学的场地已经远远不能满足办学需求。

机会伴随着努力而来，场地的事情终于在 2011 年初有了眉目。

我还记得去拜访时任复旦大学附属中学（简称复旦附中）党委书记的王德耀教授的那个冬日。一进王教授的办公室，他就握住我的手说："就等你来了。"原本有些不安的我一下子就放松下来，后面的谈话也十分顺利。实际上，这已经不是第一次拜访王教授，早在和控江中学合作前我就由复旦大学老师牵线结识了王教授，但当时和复旦附中的合作时机还不成熟。二次登门，我带着足够的诚意和更加充分的合作方案，此次与王教授的交流中，我了解到复旦附中那几年也一直在关注光华，也认为光华十分注重学生培养和教育研究，首届学生取得的成绩和业内评价足以证明光华不是简单的"草台班子"。

复旦附中不愧于上海高中"四大名校"之一的称号，他们对国际化教育一直抱有包容与开放的态度，其创新的教育模式也走在全国前列。政熙路 2 号的办公室楼宇原本是复旦附中租赁来用于其开始筹划的国际项目的，然而，该空间的租金水平和改造投入远超过了他们的承载能力，恰逢光华办学成绩逐渐亮眼，出于对引进优质教育品牌以及平衡收支的双重考虑，双方的合作出现了契机。

能够与复旦附中达成合作，除了场地空间的机缘，更因我们在教育理念认知上的一致，无论公办还是民办，大家都是在做有温度、有创造力的教育。在双方都有需求的前提下，复旦附中将位于政熙路 2 号的租赁校区

2011 年 4 月 12 日，光华剑桥与复旦附中签约

腾出了几层楼给我们办学，双方很快达成了合作。2011 年 4 月 12 日，统筹国际项目的复旦附中进修学院与光华签订了合作协议。

雷冬冬博士加盟

我们与复旦附中达成合作后，教学点从原来的一个变成了两个，在这种格局下，我们希望两个教学点能保持相对独立，形成良性竞争。我想在新的教学点引进一位更加年轻、富有一线经验的领导者，后来被业界称为"牛津妈妈"的雷冬冬博士就在这一时期进入了我的视野。

雷冬冬是华中科技大学计算机系的硕士、英国哈德斯菲尔德大学的应用数学博士，在英国待了十年后，于 2004 年回国。工作一段时间后，她发现在国内做科研并不是最适合自己的发展方向。2005 年，恰逢上海师范大学的剑桥国际中心 A Level 课程正在招聘教师，她看到机会，便想利用自己的英语优势做一名双语教师，而且她在英国时就曾帮助过不少国内的孩子申请学校，十分熟悉这一课程体系。由此，雷博士开启了在国际教育的职业生涯，并带领团队取得了令国际教育界刮目相看的业务成绩。

"当时我们有梦想，还没有实现；我们有激情，还想第二次创业。"2011年因为雷博士也想开创一番属于自己的事业，我与她在一次谈话中一拍即合。同年5月，雷博士加入光华，出任上海光华学院剑桥国际中心复旦附中校区的校长，我们也正式宣告了"光华复旦"的成立。

如果把学校比作一艘满载学生行驶的轮船，那么校长就是这艘轮船的船长。对于彼时的雷冬冬船长而言，既要站在船头眺望学校的远方，又要在不到4个月的时间里，抓紧筹备办学及招生事务。

与光华控江相比，光华复旦在创办初期虽然仍面临很多困难，但可以借助我们已经积累的一定经验加以克服。譬如在2011年的暑期，光华复旦是与光华控江联合招生的。光华复旦作为后起之秀当时还不太为人所知，但由于光华控江第一届毕业生的亮眼成绩吸引了许多考生，光华复旦第一届顺利地招来了学生。虽然首批学生人数不多，入学成绩也不理想，但雷

2011年8月28日，上海光华学院复旦附中校区正式开学，校长雷冬冬博士在开学典礼上做主题发言，迎接第一届新生

博士对此并不焦虑，因为我们优秀的师资有信心把学生们培养成"最好的自己"。

我们又得到消息，钟洧、施毅也已经离开原单位开始创业了。钟洧本科毕业于华东师范大学教育学专业，在浙江大学获得公共管理硕士学位，在招生、学生事务管理方面有丰富经验。施毅是复旦大学数学与应用数学、计算机科学与技术的双学士，而后拿到全额奖学金在美国明尼苏达大学获得数学硕士学位，是难得的教学精英。钟施二人曾试图另起办学炉灶，可是他们的创业之路并不顺利，种种因缘际会，最终被光华的事业吸引，加入了光华复旦的团队。

2011年8月28日，光华复旦正式开学！

川周公路2788号

光华双璧

由于成立时间有先后，且两个校区管理团队的风格不太一样，所以光华控江与光华复旦两个校区虽都属于上海光华学院，但是在家长们眼中，这实际上还是两所不同的学校。

2011年至2014年，是两所光华校区发展得比较快的时期。除了第一届11名毕业生取得让光华控江一炮而红的成绩外，光华复旦的首届毕业生同样带来了惊喜——2013年，两年制班毕业的17个学生，获得了3份牛津大学、2份帝国理工、1份多伦多大学录取通知书的佳绩。因为培养了一批批优秀的牛津学子，自己的女儿和女婿也毕业于牛津，雷冬冬博士"牛津妈妈"的名号在国际课程教育中也被广为传开。

随着学校规模扩大，光华也开始有更加充裕的资金去招募、建设更富竞争力的师资队伍，这使学校的发展进入良性循环。光华复旦后来更名为"上海光华学院剑桥国际中心"（光华剑桥），继续由雷博士的团队管理经营。但伴随招生规模的不断扩大，场地开始跟不上我们的发展需要了，特别是学生们分散住宿，距离几个教学点基本上有20分钟车程，十分不便。

这时，紧邻光华复旦校区的天益宾馆成为我们新的住宿和教学点。天益宾馆并不是一家普通的宾馆，而属于部队物业。那里的租金并不算便宜，但是从其硬件条件、离校距离、安全性等角度综合考虑，的确非常适合我们办学。

2014 年，光华控江校区迎来了更好的发展新机遇——我们在浦东新区川周公路 2788 号物色到了一块总面积约 100 亩的完整的办学场地，签下了为期 10 年的租赁合同。这一消息让我们的教职员工非常振奋。从此，我们终于拥有了一所具备完整教学楼、宿舍、食堂、体育场等各类硬件设施的国际化学校，这也意味着我们可以快步走出"校中校"的困境。光华控江开始整体搬迁至浦东川周公路新校区，并更名为"上海光华学院浦东校区（光华浦东）"。

经过数年发展，光华浦东、光华剑桥都展现出蓬勃的生命力，升学成绩在上海乃至全国都引人注目。这两所学校也一度被国际教育圈的各个评测机构列入上海 A Level 高中的前列。近年来，光华升往牛津、剑桥的学生人数几乎占据了上海 A Level 留学的半壁江山。

两校合并

2018 年夏天，当我们还在紧锣密鼓地筹备光华十周年庆典，一个突发的通知像初夏的迅雷一样落了下来，让人猝不及防，使我们不得不做出一个艰难的决定。

早在 2016 年 2 月，中央军委就开始对军队与武警部队全面停止有偿服务工作进行了部署，其中就包括部队房产的租赁等，而当时光华剑桥的部分办学空间所在的天益宾馆正属于部队产业。2018 年，部队方面终于明确通知：光华剑桥在天益宾馆的办学项目必须停止并迁出。

事情几乎没有再商量的余地，我们不得不再次面对"沪漂搬家"的困窘。此时临近期末，学生们正忙于备考，好在我们还有光华浦东！

我密集地与各校区管理团队沟通，在暑假来临前，终于做出了一个重大的决定——将光华剑桥搬迁至浦东校区，与光华浦东合并！两校区合并后，由雷冬冬博士担任总校长。我虽然一直笑称光华是"沪漂"一枚，但学校搬迁的困难可比一般沪漂搬家大多了。为了稳定两个校区的管理与教学队伍，最大化保障学校的教学质量，我们用了不少时间才实现了过渡。

在过渡期，两个校区原来的管理与教学团队仍然保持相对独立。而在办学场所的使用上，一方面，光华浦东的管理班子成员表现出了顾全大局的姿态，将部分教室与实验室共享出来。与此同时，我们也想出了临时方案，即改造了食堂三楼的空闲场地用于教学，并将新建宿舍楼用于学生搬迁后住宿。当然，在建设与改造过程中，我们还争取了校内外的酒店等资源用于学生的临时住宿，并配备了往返杨浦、浦东的校车。另一方面，雷博士负责去说服光华剑桥校区的老师与家长。他们中的大部分人对合并这一决定表示理解，也对光华剑桥从此将拥有一个完整的校园表示期待。

在两校积极融合的主旋律下，不稳定的音符仍时有冒出。特别是光华浦东一批管理人员与核心教师的流失，让我们承受着空前的舆论压力。学生家长的质疑声、网上的不实传言在那段时期不绝于耳。面对这些不和谐的声音，由集团副总裁的李正林牵头，公共关系部部长孟叶舟带领他的团队配合，开始在互联网上做出正面回应。

在此期间，雷博士再次发挥出稳定军心的作用。作为总校长，她在集团的支持下，不仅数次用书信正面回复家长委员会，而且与李正林老师一起和两个校区管理团队进行了深入的交流，基本上稳住了局势。光华剑桥正式搬迁之前，雷博士召开了一次与家长们的见面会。我作为光华的董事长，也在现场与家长们面对面解释了我们合并的前因后果，以及两校合并后新的发展战略。

我们用真诚换来了家长的信任和员工的信心，2018年9月，除了选择继续留在杨浦校区的一个年级学生外，其他光华剑桥学生已经完成了搬迁。2019年底，两个管理团队及其教学体系基本打通，两所学校算是正式完成了合并，组建成为全新的光华剑桥。这所拥有千余名学生的学校，也成为目前上海规模最大的全日制 A Level 国际高中之一。

第四章

上下求索

在光华控江与光华剑桥齐头并进的发展初期，尽管办学成绩斐然，可我们主要做的工作仍然是引进国际课程体系。随着光华国际化的教育理念在国内获得更多认可，同类的学校与教育机构也越来越多，不仅外部市场竞争压力越来越大，而且来自光华内部对经营模式与业务进行创新的呼声也越来越强，在内外力的共同驱动下，我们腾出手来从办学模式、教学模式着手，针对更个性化的教育需求去进行更进一步的创新探索。

在这些探索中，我们有成功，也有失败。我们取得一些成绩的关键原因有两点：一是不脱离实际去做颠覆性的创新，而是基于我们熟悉的领域去做业务的拓展与延伸；二是大力培养与信任年轻人，让与中国未来一代成长经历更加接近的人去思考教育创新的着力点应该在哪里，并大胆去做。

光华中学

与许多同类型的民办教育机构一样，我们先从拓展学段开始的，这也源于我们在办学过程中发现的问题：一部分慕名报考光华的学生，由于他们大多在高中阶段以前在体制内就学，学业基础不算差，但英语普遍较弱，尤其是听力与口语弱，这导致他们在从体制内的课程突然转轨至国际课程时出现了较大程度的不适应。与此同时，对以老师灌输、学生刷题为主要形式的传统教育的不满让一部分学生进入了鼓励学生自主学习的国际学校中，面对多达数十门的可选科目，他们感到茫然，不知道自己的兴趣与特长在哪里，与老师同学的交流互动也不够；而 A Level 课程的节奏其实很快，在不同的年级段需要学生快速地针对某几门科目出成绩，因此这种不适应很容易打击学生的自信心与学习积极性。

这些问题也反映在家长的诉求上，越来越多的家长开始询问我们，是否可以接收高中阶段以下的孩子，以便让他们在没有太大升学压力的时候提前适应国际课程体系。众所周知，学生接受九年制义务教育是一条不可逾越的红线，而且我本人也坚定地认为，即使未来要出国留学，接受完整的义务教育仍然是一件非常有必要的事情。因此，举办一所有特色的初中被我们提上了日程。

2015 年，光华中学从零基础开始招生，那时的光华控江刚搬到浦东校区，对于初中的筹建，彼时浦东校区从场地、课程设置、人员配置等方面给予了鼎力支持，才有了第一届的 18 名学生。

在办学中，我们引入了平和学校作为学术支撑的机构，光华中学这朵"美丽的花"虽小，但其向上生长的生命力与向内深耕的内驱力总能点燃光华与平和两个上海知名教育集团创新的火花与合作的激情。从最初的 18 名学生，到如今涵盖初中全学段近 500 名学生、90 名中外教职工的体量，我相信，这不仅仅是数字的增长，更是光华中学在短短的办学"起家"过程中付出的汗水、精力与思考的成果。

作为一所有特色的初中，学校创新的课程设计一直被集团和各大校区称赞，老师们致力于让课堂里的每一个 40 分钟都有趣有爱又有料。2021 年，光华中学课程中心在梳理国家和上海地方新课程标准、北京师范大学提出的中国学生 5C 核心素养体系基础上，对光华课程框架再次进行升级，推出了融合课程 3.0 版本。融合并不是简单的拼接，而是以能力驱动为核心的整合。这些核心素养实际上涉及学生成长的方方面面，既包含学生对自我的认知和学习的能力，也包含学生和他人交流、合作的能力，以及学生对世界认知的能力。

光华中学既秉承光华长期以来的培养目标，塑造勤于思考，勇于担当，有个性、会感恩的中学生，又秉持平和学校"让学生在思考、实践和创造活动中健康成长与全面发展"的教学理念，由一批有丰富教育教学经验的名师，带领充满朝气理想的年轻教师，形成光华中学独具特色的课堂教学。在"轻负担，高质量"，优化教学过程管理，注重学科基础知识的同时，强化创新意识和能力的培养。以学生的健康成长和全面发展为本，全面实施素质教育。

核心素养的梳理并不难，但要想将其融入日常的教学中，并非易事。学校课程中心又对每一种能力进行更细小的拆解，提炼总结出48种核心的小能力，作为日常教学中教师培养学生发展能力的重要导向。然后将各种能力的培养对应到各门学科中，通过不同的课程有意识地培养学生不同的学习能力。

以语文科目为例，在这个科目的教学中，光华中学注重培养学生的阅读和表达能力。学校根据学生的学习能力和认知能力，对每个年级的原典精读、经典阅读、文言文阅读、写作、口语的内容都做了详细的规划。

对于不同年级、不同学科或跨学科需要理解的关键概念和关键能力，光华中学的老师们都做了详细梳理。比如数学学科从数学模式、数据与可能性、计算思维、推理与论证、数学联结、数学阅读6个方面都有详细拆解，教师根据这个来设计融合中考数学和国际数学拓展课程的教学，做到"两条腿走路"。

英语课也结合光华学生的特点，基于上海教材，借鉴了英语作为母语、二语教学的海量课标资源，研发出光华校本英语的课程标准。在这个标准之上，所有的教材都只是孩子的学习材料，老师就可以把精力更多地放在课程设计和关注孩子上。光华中学还采用分层教学的方式，满足不同学习需求的孩子。

特别值得一提的是光华中学"包罗万象、有教无类"的特色课程。光华中学践行博雅教育理念，校园氛围多元而精彩，开设包括音乐选修、艺术选修、学术选修与体育选修四大类近50门素质拓展选修课程。有了课堂上的艺术积累，我们把学生艺术作品推出校园，开设了专门的展览，真正做到"让每一个孩子都被看到"；有了学校中的器乐练习，为学生组建了乐队，带领他们在专业的音乐厅里一展风采；有了校内外的体育专项训练，组建了校级运动队，带领学生们在多个青少年体育比赛中崭露头角。

校园之外，光华中学探究知行合一，开发特色的"行走课程"，带领学生们结合学习内容去旅行，感受大自然的温馨与激情；像旅行一样去读书，体会书里的精彩与睿智，丰富自己的人生。学生们将在语文课上研习的名著名篇，化成每一步迈出的脚印，借此丈量祖国大好河山的每一处文化风景。参观探访经典历史文化古迹，让学生们看到中国历史上最灿烂的文化精华，未来可以传承发扬优秀的民族传统文化；社会实践及户外徒步，让学生们全身心地融入大自然，在极限运动中锻炼体能，挑战自我，磨砺品格。

与学术相映，与实践相依，与社会相得，得企业相助，光华学子在社会实践的磨砺中茁壮成长。立足校园，我们把社会资源请进来；融入社会，我们让课堂走出去。正所谓"绝知此事要躬行"，光华中学坚持课内知识与课外活动相结合，将社会实践活动课程化，在社会实践活动中带领学生认识世界、了解社会、开阔视野、增长才干、锻炼毅力、培养品格，同时增强学生的历史使命感和社会责任感。

随着办学规模的不断扩大，我们发现了很多亲子教育中存在的问题。"家校共育"不是一个冰冷的词汇，而是双方沟通和携手的过程。在这样的背景下，光华中学家长课堂应运而生。家庭教育在孩子的一生中始终占据着不可替代的作用。因为孩子的教育是从家庭教育开始的，父母是孩子最初的老师，也是孩子一生的老师。光华中学始终坚持借由家长课堂这样的方式向家长们传播正确的家庭教育理念，分享成功的家庭教育经验，助力家长们的成长，学会向焦虑说不。

时至今日，光华中学已有五届毕业生，90%的生源进入上海各个头部国际高中，10% 的学生进入上海市重点、区重点高中。第一届 18 位毕业生中，有 2 位被牛津大学、剑桥大学录取。

作为一所年轻而富有活力的中学，我们相信光华中学将在教育教学的道路上不断创新、不断探索，为每一位学生提供更优质的教育资源和更广阔的发展空间。

光华启迪

如果说光华中学的举办是基于我们对市场现实需求的判断下进行拓展的必然结果，那么，光华启迪的创立则多少带有一些偶然性。这种偶然性的成功也让我们更清醒地认识到人们对更优质、更具个性化的教育需求是真实存在的。从光华启迪开始，我们将更多的目光从向外的拓展投入集团内部，开始鼓励与支持员工在实践过程中总结经验、走向创业，并着手建立有助于员工与公司实现共同发展的合伙人制度。

光华启迪的诞生源于光华校友会活动。2012 年开始，光华首届毕业生假期回国以校友的身份与在校的学生们进行交流，和大家分享一些出国后学习生活的心得体会，以及曾经在申请大学过程中的一些经验。我们最开始也并没有对这种校友与在校学生之间的交流活动有特殊期待，但没想到学生们的反应很热烈，不仅在校的学生提出了有针对性的问题，比如如何规划课程能够取得更好的成绩、如何根据自己的兴趣特长选择大学以及专业等，校友们也受到了不少启发，大家表示愿意将这类活动持续下去——这也成为光华校友会的雏形。

年轻人与年轻人交往时更容易产生思维的火花，如果曾经走过国际教育这条路线最终通往海外一流大学的人就是从同一个学校毕业的学长学姐们，那他们的经历与经验往往被学生认为是更容易"复制"的。于是，我们开始思索这种更具针对性的个性化教育或许有机会成为一种模式，"留学精英计划"在光华被提了出来。

坦率地说，最开始的"留学精英计划"其实就是"一对一"培训，

第四章 | 上下求索

市场上已经不乏先行者，这种培训模式从本质上并没有什么创新。可是在调研了不少从事个性化教育的国内外机构后，我们对"个性化"的理解开始从"教学规模的个性化"向"教学服务的个性化"转变，譬如不仅要"小班化"，还要根据学生的特长去定制教学计划并由专人进行跟踪服务。

李丹阳是初创时期就在光华工作的员工，她从地方媒体跳槽到光华后，仍然负责宣传工作。在各种校内外的采访中，她对英国的课程体系有较为系统的认知。后来负责招生的负责人离职，李丹阳就顺理成章地"顶"上了招生的工作，不得不说，她进入角色比我们想象的都快，在近距离与学生家长聊天的过程中，她意识到在全日制学校的课程之外，尊重学生不同的成长历程和学习进度，以及一对一的个性化辅导是非常重要的。李丹阳在工作中的迅速进步都被我们看在眼里，我有意让她参与"留学精英计划"的讨论，她也不负众望地拿出了"导师计划"方案，意在让学生对接英美的导师教育资源，获得国外导师在线一对一的辅导。

学校教育应更关注学生的全面培养，而培训机构则需要在短时间内帮助学生"出成绩"，我认为这种预期其实是矛盾的。"冰冻三尺非一日之寒"，培训机构事实上是在"扬长"或者"补短"，但很难短时间内从根本上改变一个学生的学习习惯以及知识储备，因此出成绩的"根"其实是在学校，但由于大多数培训机构收费不菲，家长在高昂的成本面前往往会忽略这个教育的客观规律。再者，由于我们曾经启用过一部分海外的教师，他们只能通过在线的方式与我们的学生沟通，这既有距离感，又有时差的影响，培训的效果总是会打折扣的。我始终认为教育是一项需要投入情感的工作，可是当下大多数在线教育机构很难解决这一问题。

基于这些内外因素，为了做好服务，让学生根据自身的情况出成绩，我们将原来留学服务团队的几名骨干老师抽调到这个襁褓中的项目。

2015年4月8日，光华启迪国际课程学习中心在光华剑桥宿舍门口的一个小楼里正式成立。

虽然光华启迪在探索期就有给光华自己的学生进行一对一辅导的经历，但其真正意义上的第一个学生得从正式成立之后算起。2015年高考结束，有一个学生找到光华启迪，想要了解美国留学方向，老师在和他交流一番后，觉得英国方向更适合他的发展，于是为他制定了第一份个人学习方案和合同。后来，这名学生进入了伦敦国王学院。

如同光华其他学校一样，光华启迪也开始积累自己的口碑与"粉丝"，公司业务逐步有了起色，收支慢慢实现了平衡。2016年4月，光华启迪获英国爱德思国家考试局授权，正式成为A Level课程中心，开始启动A Level课程的教学，这意味着光华启迪从一家为其他国际教育机构提供附加服务的"培训机构"转变成为一家被国际考试局正式承认的"学校"。从此以后，由光华启迪一直坚持的个性化、小班式教学脱胎而来的"个人学校"概念，成为其在国际教育市场上进行错位竞争的砝码。

基于业务经营模式，光华启迪对人才标准的要求近乎严苛，人才的瓶颈其实一直是制约发展的关键问题，而解决这一问题的锦囊却早已备好。前文提到，光华启迪的雏形来自校友会，其中一批校友在校友会活动中意识到个性化教育的发展潜力，其中的代表之一便是光华首届毕业生薛思伟。

薛思伟从光华毕业后进入了帝国理工大学学习，学成归国的他加入了光华启迪，迅速地完成从一名光华校友向光华教师的转变。薛思伟作为年轻一代国际教育的亲身经历者，作为光华教育理念培育出的毕业生，提出了许多卓有成效的改革建议，特别是在教学管理、以"90后"员工为主体的团队建设、更扁平的组织架构等方面。薛思伟在光华启迪的职业发展也吸引了越来越多的校友回到光华工作，比如蔡往晨、陈晓月等，这些年轻而有锐气的老师们逐渐成为光华启迪经营管理和教学的中坚力量。这些老师也是光华的学长学姐，用他们的亲身经历在引导着学生"复制"他们当年升学成功的路径。我想，几乎没有比这更加完美的招生广告了。

时至今日，光华启迪作为国际个性教育领域的领跑者，其主要的管理者与教学骨干几乎都在30岁上下，他们正在用实际行动证明个性化教学确实能成就很多年轻学子的梦想。如此年轻的光华启迪，做出令业界刮目相看的教学成绩，不愧是澎湃的"后浪"！

光华好奇

相比光华启迪，同样注重个性化教学的光华好奇就更加年轻了。

从经营模式上来看，光华好奇可以概括为一家专注于艺术教学的服务机构，同样是用个性化定制辅导的方式为学生提供教学与升学服务。而从创办历程来看，主要管理团队之一的孟叶舟也在集团总部工作过，其创业也源自在光华工作的过程中对国际教育行业的某一细分领域进行的思考与探索。

孟叶舟算得上是我的师弟，本科与研究生都毕业于同济大学，后来留校工作。2017年，恰逢同济大学110周年校庆，我想支持母校出版一册关于《同济大学生》报的历史的图书，恰好认识了在学校宣传部工作的孟叶舟。巧合的是，孟叶舟与我一样，都在学生时期担任过《同济大学生》的主编，我们也由此产生了很多共同话题。同年5月，在我的邀请下，孟叶舟辞掉了他在大学的"铁饭碗"，加入了光华，先后担任集团的公关部长、总裁助理、副总裁，负责品牌和创新课程的开发工作。

孟叶舟来到光华工作后，我们去了很多地区的不同教育机构进行过调研，基于这些经验，2021年，他向我提出了一个想法——他想从集团总部"下海"，创办一所以培养艺术类人才为主要目标的国际教育机构，这便是光华好奇最初的设想。

事实上，我也观察到国内外许多优秀的大学越来越重视通识教育与艺术教育的融会贯通，譬如剑桥大学就先后开设了游戏设计专业的硕士与工业设计专业的本科，这些专业都要求学生在理工科基础上有一定程度的艺术基础。我们看到近年来国内外很多高校开设的交互设计专业更能体现艺术与信息技术的融合，其深造与就业的前景也被广泛看好。

于是，光华好奇应运而生。2021年至2022年，孟叶舟在我们的鼓励支持下，逐渐从集团管理的幕后走向经营的台前。最开始创业的他信心满满，却预想不到后面遭遇的苦头。

首先，是来自市场的压力。尽管我们对光华好奇的经营模式与教育理念都设想得很美好，但不管怎么说，这仍然是一所从零开始的机构，此时仅在上海，我们就面临着与近十所以艺术为特色的民办国际学校的竞争，其中不乏举办多年的老牌学校，或者是大型教育集团与正当红的艺术作品集培训机构联合开设的新学校。他们要么有不错的口碑与一定的学生数量基础，要么有优美的校园与强有力的市场渠道。加之疫情对上海的影响，教学活动几乎陷入了停滞，所有学校与教育培训机构全都转战线上教学，因此，光华好奇作为行业中的一名"小白"，招生工作举步维艰。

其次，是创业团队的不稳定。孟叶舟最初设计光华好奇的班底，除了他本人以外，大多数来自他在集团原来带领的公共关系部成员，这批年轻人虽然很勤奋，但的确对市场不敏感，也没有任何教学设计的经验；于是，我们开始试图一方面从集团下属学校抽调一部分艺术教师，一方面在市场上去招聘部分经营性人才，但这项计划也收效甚微。最艰难的时候，整个好奇的团队所剩无几。

尽管长路漫漫、困难重重，但光华好奇没有停下创业的脚步，事情的转机也出现在了2022年下半年。持续三年的新冠疫情在2022年底走向了尾声，各学校与教育培训机构终于开始复课，光华好奇也随着市场的复苏可以开展一系列招生活动，它的课程规划与教育理念开始被越来越多的人看到。

2022年秋季，光华好奇与光华启迪联手正式向市场招收艺术生，第一届入学的学生共计12人。孟叶舟半开玩笑地说："我们比集团创立时的第一届11名学生只多1名，或许意味着我们也像当初光华创业一样有很长的道路要走，但在竞争越来越激烈的民办教育行业，又走的是艺术这一条细分赛道，多出来的这一名学生也足以证明光华好奇选择的道路是正确的。"

第五章

走向全国

作为较早进入国际教育的民营机构，光华既拥有先发优势，也冒着走弯路的风险。尽管道路是曲折的，面临机会时我们仍然会去探索。逆水行舟，不进则退，这是光华创办15年以来所总结的经验。除了在上海深耕之外，我们也开始探索进入其他地区的可能，尤其是中国沿海地区，那里经济发展水平较高，人们对教育的理解也更加开放多元，适合多种形式的国际化教育机构发展。2013年，在光华经历了5年发展，上海的业务基本趋于稳定之后，我们开始尝试探索以不同的办学形式拓展光华版图。

闯入江苏

初探无锡

无锡外国语学校是一所十二年一贯制外语特色学校，创办于1998年，是首批"无锡市双语教育实验学校"，也是无锡外籍、港澳台学生和归国创业人才子女入学的定点学校。无锡外国语学校是光华正式参与投资的第一所K12学校。一个偶然的机会，我们入股了无锡外国语学校，并逐渐成为控股股东。我们对待无锡外国语学校项目就像我们在上海创办光华时一样，既兴奋，又感到压力。

入股无锡学校后,我们开始积极参与他们的国际部项目,为了办好该项目,我们从上海抽调了一些骨干来到无锡,黄祥喜老师就是其中的一员。她算得上是光华的"元老",早在2009年光华刚创办不久时就加入我们,并在最初的招生工作中发挥了重要作用。因此,我们也希望她能发挥在国际学校项目招生与运营中的经验,给无锡外国语学校国际部提供基本保障。

但是,新创的项目还需要一个新的领导者。按照我们在上海办学的经验,一个优秀的管理者等于项目成功的一半,这时,章良进入了我们的视野。

章良本科毕业于中国科学技术大学少年班,后在香港中文大学修完物理学、哲学硕士学位。他于2003年开始进入国际教育行业,先后在深圳、上海等地的知名教育机构参与过课程的教学、教研以及学校管理与创建工作,几乎算得上是一位A Level领域中的"老将"。经过多次接洽,最终,章良于2014年正式加入光华,他的第一个任务就是为无锡外国语学校带去真正的"国际化",譬如如何解决一所有国际课程特色的K12学校的课程衔接问题。章良也不负使命,他不仅为国际部申请到了剑桥大学国际考试委员会的资格认证,而且在教师培训、教学教研方面起到了重要的指导作用。在国际部师资队伍整体比较年轻的情况下,有章良这位年轻的"老法师"坐镇,我们显然要安心许多。

事实也证明,在随后的办学过程中,国际部在教学质量提升与最终的升学成果上,都取得了不错的成绩,尤其是在国际学校竞争相对弱于上海的苏南地区,我们的这个国际项目为无锡外国语学校整体办学品质的提升带来了比较大的帮助。

但我们在无锡外国语学校的经营管理中也碰到了一些难以克服的问题,其中最核心的问题还是在于合伙经营:光华入局无锡外国语学校后,并不是唯一的股东,由光华主导经营的也只是无锡外国语学校的国际高中部。因此,在讨论学校发展的重大问题时,我们时常会有分歧,譬如高中阶段的国际课程如何向下延伸与融合,不同学段的办学资源如何互相借力等。由于利益诉求不一样,我们与其他股东的关注点自然不一样;光华作为外来的国际学校，与无锡外国语学校的办学与管理理念也有冲突。再加之，由于我们刚刚从国际教育进入 K12 领域，同时还是从上海来到江苏，对地方上的政策并没有吃得很透，种种原因，致使我们最终遗憾转让了该项目。

即便如此，我认为我们在无锡项目的经历还是所获颇丰，我们从这一段经历中获得了宝贵的经验，这些经验使我们拓展往后的项目时尤其重视学校整体规划发展的统一性，以及更加坚持"集团办学、专家治校"的经营理念。

花开盐城

我们在江苏的第二站选在了盐城。

前文提到，"光华"这个名称由于其特殊意义，被很多人使用，尤其是在教育行业。比如，苏州就有个"光华"——苏州光华教育集团，它由苏州市光华实业（集团）有限公司投资创办，是苏州市第一家集团型民营教育机构，在各地还有若干知名学校，体量庞大。与我们不同的是，他们更聚焦在 K12 教育领域。2013 年，我与苏州光华实业教育集团的实际控制人取得联系。经协商，我们成为苏州外国语学校的投资人，与苏州光华教育集团合资组建了江苏沪华控股有限公司，利用苏州光华教育集团在义务基础阶段的品牌经验以及我们自身在国际化办学领域的优势，联合开拓苏州地区以外的办学业务。

不得不承认，江苏的民办教育市场环境与上海还是有很大不同，有了与苏州光华的合作，当地政府对来自上海的我们多了一些信任。两家"联姻"后，合作公司负责人李敏敏跑遍了江苏 13 个地级市，与各地政府洽谈，他回忆道："永远在路上，每天都不知道第二天人在哪里……"

功夫不负有心人，我们在极短的时间内创办了盐城外国语学校。这座学校位于盐城市经济技术开发区内，这里是中韩盐城产业园核心区，且由于盐城拥有包括起亚汽车（中韩合资悦达起亚）在内的大量韩资企业，区内有不少以韩国人为主的外籍人士，政府也有意为他们解决子女入读问题。我们向政府展示了光华在国际化办学领域的经验与优势，也表示愿意为盐城外籍人士子女教育提供一定便利。多轮谈判后，这个项目启动了，项目还创造了一个"光华速度"，盐城外国语学校从签约到开学，仅仅用了3个月的时间。

当我们正在为盐城外国语学校寻找优秀带头人而犯愁的时候，敢想敢为、勇于开拓教育新天地的陈玉军校长担起了重任。陈校长出身于盐城本地且在多所公办学校内担任过主要管理与教学岗位，他在教师队伍的组建与招生工作中都有独到办法，也在盐城教育界积累了多年的声誉。

学校在2015年至2017年间可谓蒸蒸日上，不仅招生火爆，成绩同样出彩。短短几年时间，在远离上海的盐城，曾经默默无闻的"光华"居然成为家长追捧的明星学校，盐城外国语学校不仅中考成绩大放异彩，素质教育也丝毫不拖后腿。在集团导入国际教育师资与资源等举措支持下，一方面包括韩国班在内的国际部升学成绩稳步前进，另一方面各种学生社团在省市乃至全国各类比赛中也开始拿奖，学校风貌一新。

但到了2017年底至2018年初，学校发展遇到了很大的瓶颈：规划容量为1 200人的校园已经远远满足不了学校未来招生与发展的需求，扩建学校成为摆在我们面前的新挑战。恰逢此时，旁边的盐城市第五中学空出了一块场地，借此契机，我们对盐城外国语学校校园进行了整体改造。除了以"森林学校"为定位对现有教学区域整体改造外，原本的五中区域作为盐城国际青少年交流中心被我们规划重建。

几年时间，整个盐城外国语学校的校园相比光华进入之前，可谓脱胎换骨，常有来访者说道，盐城外国语学校看上去几乎不像一个传统的校园，而是一个国际都市里才有的网红地标。学校的整体建筑规划设计，还获得了2021AIA上海 | 北京卓越设计奖（AIA Shanghai | Beijing Design Excellence Awards）。

在过去，光华给人的印象只是一家在高中阶段国际课程领域做得非常出色的国际教育机构，但自从闯入江苏之后，我开始比较系统地去构建、思考一些问题：光华未来将成为一家什么样的教育企业集团？将打造一条什么样的教育产业链条？

在盐城外国语学校的建设、运营、项目拓展以及改扩建的设计、规划过程中，光华的一些新团队、新业务板块也开始慢慢成形，盐城外国语学校的成功经验，以及逐渐显现的办学成绩与社会声誉，也让我们在江苏又继续拓展了如常州钟楼外国语学校等项目。

迈进浙江

如果说我们进入江苏时多少有一些匆忙，那么进入浙江时的我们则显得从容得多。一方面我们在上海、江苏举办各个学校时已经积累了较丰富的经验，也储备了一定人才；另一方面，浙江社会各界对民办教育的态度也很开放和包容。

初入杭城

2018年，我们在浙江的第一个机会到来了。

位于浙江省杭州市余杭区（现为临平区）的时代小学创立于2012年，是在当地知名的蕙兰时代小学办学基础上创建的新校区，是典型的"名校办名校"。但这所学校自创办以来，就存在一些问题，其中比较突出的有：由于涉及跨区办学，新招的一部分学生的学籍无法解决；"主校区"与"分校区"的师资在实际操作上难以进行共享，新校区大部分老师是新聘的老师，与家长的预期相去甚远。

家长的神经是敏感的，而教育又牵涉民生与稳定，在任何一个地区的政府眼前都是大事，解决余杭区时代小学的问题迫在眉睫。此时，一名光华学生的家长知悉我们有意在江浙地区拓展后主动推荐了我们。"无心插柳柳成荫"，经由这位学生家长介绍，我们在政府的支持下与余杭区时代小学的举办方合作，受其委托开始全权接手该学校的运营管理工作。历经2年的筹备期，2018年，该学校正式纳入光华教育集团旗下进行管理。

用集团副总裁李正林先生的话来说："光华的学校大多是从零开始创建

的，但杭州学校，我们却是从负数开始重建的，其中困难，或许只有参与过接手该校重建工作的老同志们才知晓。"首先面临的是家长与学生的不信任，然后是学校教师队伍的相对薄弱。尽管政府选择光华是出于对我们办学质量与声誉的信任，但在杭州本地，我们仍然是一个新人，各方对我们的态度都是谨慎的。

面对种种问题，彭志祥校长临危受命。

彭校长此前长期在江苏公办学校工作，后来经人介绍，来到了我们的盐城外国语学校做副校长，在这段短暂的时间里，他踏实肯干以及处事周到的工作作风得到了学校及集团的一致认可。在杭州急需一名校长坐镇开局之时，我们想到了他。"不想当将军的士兵不是好士兵"，彭校长一听有这样的机会去开创一番事业，也没有多言，交接完工作，立即走马上任。

彭校长来到杭州后，当务之急就是重建学校的管理班子与核心教师队伍，除了以彭校长为代表的一部分集团委派的管理骨干之外，在教学业务层面，我们尽最大可能挽留下来一批资深教师，同时用有竞争力的薪酬以及发展前景吸引了一批学历背景过硬的年轻教师，初步形成了相对稳定的"老中青"相结合的队伍。而这一次队伍的迅速过渡与改革，也是我们积累了无锡外国语学校、盐城外国语学校等项目经验后的成果，即一所好学校的"主心骨"始终是管理团队，校长等管理团队对于举办者办学理念与组织文化的认同感，以及他的个人能力与创业意愿，是民办学校能否发展壮大的动因；一线教师队伍则要尽可能中青结合，每一个学科要有精英老师做领头羊，也要尽量培养一批年轻教师，这既是为了出教学成绩，也是为了谨慎应对民办学校普遍存在的教师流动性问题。

我们始终认同："存地失人，人地皆失；存人失地，人地皆存。"很多学校开分校后发展达不到预期，其根本原因是核心的人才跟不上，这样再多、再好的校园，也是一具没有灵魂的空壳。而我们在杭州的经验，也再一次证明了好校长、好老师的储备是我们谋发展的重中之重；我们对于人才的重视，以及在各地向教职员工提供具有竞争力的薪酬和广阔发展的平台，也成为集团的一项重要制度。

除了队伍的搭建，重点就是修复与家长以及政府的信任关系。在这里我们不得不再一次肯定彭志祥校长作为一名集团"空降兵"所付出的心血，离开他此前生活工作的江苏，远离家人与旧友，他几乎算得上是单枪匹马来到一所人生地不熟的学校，尽管如此，他躬身入局。双休日、寒暑假的彭校长比平时工作日要更辛苦，他的身影出现在大大小小的宣讲会、媒体采访、与政府主管部门以及合作办学方天都公司的各类会议上，一遍又一遍地讲办学规划，讲课程设置，讲光华的特色以及如何做好本地融合。

"光说不做假把式，我认为民办学校最好的宣传就是所有老师身体力行地去工作，别人做1次，我就做2次；别人做10次，我就做20次。"彭校长凭借全年无休的干劲，让学校的风气焕然一新。群众的眼睛是雪亮的，越来越多的家长愿意信任光华；有了这份信任之后，学校生源的数量与质量很快得到改善，教学成绩也大踏步前进，更是在当地民办学校中排进第一梯队。

进军温州

机会总是留给有准备的人。一如我们在江苏的发展源自盐城外国语学校开的好头，有了杭州校区这座"桥头堡"，很快浙江的第二个机会也找上门来了，而这一次的机会来自温州。

在温州繁盛的商业背后，有着千年的教育文化底蕴，改革开放后伴随对外贸易的兴起，温州也是国际教育的"排头兵"。瓯江口产业集聚区是温州"向东面海"发展的新区，为了配合产业升级和招商引资的战略，在瓯江口新区的灵昆岛上建一所国际化的学校成为现实需求。

但温州市最初考虑的并不是像光华这样的本土国际化教育机构，而是引进外方教育品牌。"外来的和尚会念经"，其实不仅仅是在教育行业，国内各行各业都或多或少有这样的观点。温州最开始考虑引进某知名英国教育集团，该计划一度推进顺利，但在最后，出于在地化运营管理以及办学成本等种种考虑，该机构最终还是退出了该项目，光华再一次成为"救火队员"。

虽然有了多所学校的创办经验，面对温州，我却有种"近乡情更怯"的感觉。扪心自问，在瓯江口这样一方创新发展的土地上，我该办出怎样的教育才不负家乡学子的期待？

我对温州学校的定义是：它不仅仅是一座供青少年自由成长、追求理想的象牙塔，也是可向社会开放的文化地标，是用于记录社会文明与城市发展的精神殿堂。

因此，我们在学校的整体规划设计中，从一开始就考虑到了学校向社会开放的可能性，以及在学校各类设施的建造中将学生的学习与社会公众的活动相结合。譬如，学校的艺术中心不仅是向学生提供艺术教育的教学场所，更是可承接高质量社会文艺展演活动的专业艺术馆；学校的公共大厅与图书馆，不仅是师生们活动、休憩的场所，也是一个专业的文化艺术展厅，可供相关学者或者社会组织在此举办展陈活动。光华的每一所校园都有这样一处地方，我们将其命名为"时光博物馆"，意指既可记录师生在此教学相长的时光，也可记录一座城市文化发展与传承的历史。

此时的光华已经告别了"缺兵少粮"的局面，集团化办学有了更多处理问题的能力，我们在杭州也储备了较为丰富的人才梯队。对于温州这所学校，我将很多精力投入对建筑景观与校园文化的改造上来，这也成为我对超级学校思考多年并付诸实践的一块前沿阵地。

温州学校的整体设计基本采用了我们的设计理念，由英国著名设计事务所宝麦蓝（Broadway Malyan）操刀，由集团的设计技术部与公共关系部具体负责校园景观与文化的具体改造。这种由集团提供设计理念与运营需求、专业设计公司提供解决方案、集团部门进行关键项把关改造的分工合作模式，已经在江苏和浙江的多个集团学校建设过程中实践并取得了不错的效果。由于我们投入了更多预算与精力，加之政府部门的支持与配合，在整体设计的美感与工期进度上，温州校区的完成度都让人满意。

有一次出租车载我经过南口大桥，朝灵昆岛方向驶去，远远望到了我们学校像皇冠一样的艺术中心楼，司机师傅说："您要去的那所学校据说有温州最漂亮的校园。"那一刻，我觉得所有的付出都值得。

走出长三角

由于我们发轫于上海，长三角顺理成章地成为我们发展扩张的重点区域。在相当长的一段时间里，我们的足迹局限于江浙沪地区，但是我们也一直希望能走出长三角，在其他地区进行办学探索。2016年，在一位复旦大学校友的引荐下，光华开始了与第一个江浙沪以外地区项目的接洽。

天津市北辰经济技术开发区是天津第一个国家级开发区、产城融合示范区，由于当时没有配套的国际化民办学校，因此有引进办学主体的意愿。而光华依据办学规模测算需要一片100～150亩的土地，经济技术开发区相对老中心城区来说，是更好的选择。

与此同时，天津外国语大学也表明了在北辰区办学的意向。大学办中小学并不是新鲜事，如中国人民大学附属中学、华中师范大学第一附属中学等学校，都是享誉中国的名校，北京师范大学教育集团更是在全国各地开分校。在天津，被人亲切称为"小外"的天津外国语大学附属学校是本地实打实的金字招牌。截至2022年，天津外国语大学附属学校已经多达10所，几乎遍布天津所有的行政区，在2021年的高考中，天津市78名保送"985"学校的保送生中，天津外国语大学附属学校占了77名，成绩着实惊艳。

对北辰经济开发区而言，举办一所同质化的民办学校并不是什么难事，但考虑到区域发展需要多样化的企业与引进型人才，这一部分高素质人群的教育诉求与本地居民是不一样的。因此，对于光华的办学经验以及我们所提出的以国际化融合课程为特色的办学方案，政府是颇为认同的。

而对光华而言，经过多次调研，我们发现，尽管天津市民对国际化、个性化的教育并不排斥，但对待民办教育存在一些偏见，对教学理念、学校文化这些"内核"的认知与认可是不够的。因此，我们在集团内也多次讨论，是否可以与天津外国语大学合作办学，从与他们的竞争关系改变为合作，不仅利于光华最终争取下这个项目，也可以最大限度地利用天津外国语大学在本地的影响力，让我们更快地被社会认可。

在政府的支持下，天津外国语大学答应了与我们进行合作办学。尽管这个提议从操作上来看无疑增加了复杂性，将政府与单一举办方的"双方合作"变为"三方合作"，但从最初的出发点和希望达到的目标而言，各方都是为了能在天津本地办出一所优质的、有国际化特色的学校，以满足人们对教育多元化的需求以及符合城市区域的发展规划。

2019年4月，光华天津校区启动仪式现场

"精诚所至，金石为开。"长达6年的时间内，市、区领导经历了多轮更替，但各届政府班子都给予了大力的支持，大家都期待这所协力推进的学校可以为天津教育带来创新助力。磨合过程中不乏种种困难，譬如资金、师资队伍、教学资源等各方面的统筹与整合，政府、高校与企业（光华）的立场与诉求多少存在差异，经过多轮协调，最终达成一致。为了办一所高品质的学校，设计就花了两年时间，刚开始建设，疫情又开始了，原本计划的3年建设时间不得不延长。然而，无论各方站在什么利益角度，一个核心的共识是"要办一所高质量的学校"，这点是难能可贵的，也是项目可以排除万难向前推进的根本原因。

从竞争对手到合作伙伴，天津外国语大学和光华在教学资源上强强联合，建校时间虽然不长但已经探索出令人惊喜的教学成果。比如作为外语特色学校，天津小学部深耕英语领域，通过不断教研和实践，创造出一套自己的"5+5"外语教学特色体系。第一个"5"是通过地方课程 Happy English 与校本资源、趣味阅读、外教口语课及自然拼读的有机融合，为孩子学习读音、发音规则以及增进英语阅读能力奠定了基础；第二个"5"是学校带领学生参加的各类英语演讲大赛，通过活动，让每名学生都有参与、展示自己的机会。

光华天津校区小学部特色"5+5"外语校本课程

在天津校区，我们计划从小学阶段就开启营地教育、研学交流、游泳、攀岩、壁球等多项高端社团活动和项目。这种多维度的素养教育体系在天津乃至北方地区都不常见，但我们愿意为之投入。我们已经很清楚：在考试中获得高分，并不是评价学生的唯一标准，孩子们需要的并不只是学科知识，而是在学习的过程中所获取的各方面能力——这些能力才是让他们在未来的生活、工作中游刃有余的核心竞争力。

第六章

"风口"与"风暴"

十几年间,中国教育市场伴随着资本潮起潮落,其激烈程度多少出乎我的意料。办学之初,我丝毫没有意识到教育会成为一个投资"风口",更没有想到未来的政策调整会对整个行业产生如此深刻的影响。回头看来,一切又似乎都是合理的,比起飘在资本的"浮云"上,认认真真低头办教育、在教育的"花园"里深耕细作也许才是最正确的选择。

在"风口"

我在投身教育行业之前,有相当长的时间都在从事国际金融研究和风险投资,但 2008 年最初创办光华之时,我真的没预料到教育行业有一天会成为资本"风口"。

但站在金融和教育的十字路口,我自然感知到资本的风已经吹来了,在 2014 年左右,这股风向伴随着互联网,起势已然明朗。教育界的朋友开始和我谈投资,投资圈的朋友开始和我谈教育,这种"现象"在我的日常里频繁出现。就民办教育市场发展而言,教育资本化的过程好像顺理成章,但我总觉得"快资本"和"慢教育"匹配还有点难。

2015 年前后,社会资本对教育行业注入的总金额与频率均高速上升,达到了过去十年来的峰值。德勤咨询的公开资料显示,2015 年教育领域的投资总金额为 2014 年的两倍多，并购总金额同比增长 165%，上市挂牌总案例数同比增长 76%。随着利好政策的陆续出台，当时业内也预期将有更多资本涌入。

仅 2015 年这一年，数十家投资机构和财务顾问朝光华蜂拥而至。集团和校区出现了很多投资机构代表来考察。因为投资人也需要项目，去发现他们眼里的宝藏。"这些机构很大牌，每天西装革履、商务车接送很有派头。当时就去我们学校兜一圈、看一看，这种看项目的人不下十几个，有的看完就不了了之。"叶定壹回忆道。

站在这样的"风口"，我们面临两个选择：一是加入他们，二是靠自己积累。随着办学成绩的彰显，光华在办学规模与盈利能力上都具备了一定基础，但靠自己的积累，发展速度是缓慢的。

实话实说，作为创业者我并不排斥光华融资，我认为外部投资的建议会引领我们看更长远的一面。对于光华来说，第一笔资金的意义非同小可。2012 年，我结识了后来成为光华合伙人的周澜女士，她此时也在寻觅好的教育项目。在周女士的牵线下，光华接触了国内头部的几家投资公司，在发展初期就得到了良好的资金运作支持和资源帮助，他们的项目负责人带着我们考察了北京和上海一些知名的国际学校，在此过程中帮助我们更快地熟悉市场，给出决策建议。陆续地，有几家知名的基金公司对我们抛来了橄榄枝，成为光华快速发展的重要助力。这些专业机构对公司的治理规范、财务管理都提出了很高的要求，督促"老人们"不断成长，并且招募了一批专业能力强的新力量。

我看到的投资人是一体两面的，是天使也是恶魔。当我们拿到投资人的资金支持的时候，也需要相应给出最诱人的回报承诺。但是，发展中的不确定因素实在太多，校区的迁址、政策调整都可能导致整体收益的波动。几百页的投资协议中，已经详述了游戏的规则，输了怎么办？一旦你想好了"与狼共舞"，就只能经受森林法则冷酷的一面。

正是因为对融资抱有审慎的态度，光华经历了行业从野蛮生长到规范的一段过程。走过弯路，吃过教训，但总体而言我们是幸运的，不仅在激烈的竞争中生存下来，而且在恰当的时机获得了恰当的资本支持以求得进一步发展。我们遇到了优秀的同行者，也在市场最喧嚣的时候避开了凑热闹的"野蛮人"。

"野蛮人"来了

"门口的野蛮人"

1993 年，由美国导演格伦·乔丹（Glenn Jordan）根据《门口的野蛮人》原书改编的同名电影上映，自此"野蛮人"成为各国各大企业对投资人的一种普遍戏称。当行业成为风口，大家看到有利可图，不论政府还是机构、地产公司，都开始蜂拥而入，教育行业一时间出现了很多"门口的野蛮人"。

这或许是因为办教育对企业来说可以提高声誉，对于企业家来说也可以获得美名。早期创办 K12 学校，都是政府出地、企业出资金，吸引了很多企业家，通过这种方式，政府增加了收入；很多企业家向银行贷款，成本也很低，可以把学校经营获得的现金流用于其他投资。宽松的政策环境，使得教育市场出现与早期房地产行业相似的局面，外来者纷纷入局。

而随着互联网行业的飞速发展，越来越多的线上教育投融资项目进入我们的视线，有段时间打开手机就发现各大软件的黄金广告位被一个又一个教育公司霸占着。"流量"，一度成为教育界最火热的词。让人不禁发问：懂流量的人懂课程吗？懂资本运作的人真的懂教书育人的规律吗？可是不管懂不懂，"门口的野蛮人"越聚越多，学生变成了用户，课程变成了产品，讲求"十年树木，百年树人"的教育业也难敌流量和金钱的诱惑。

"你来，我们培养你的孩子；你不来，我们培养你孩子的竞争对手。"某培训机构的这条著名广告词，曾让众多家长陷入校外课外培训的焦虑之中。特别是 K12 教育和儿童早教的培训领域在资本推动下迅速扩张，行业不断被爆出诱导消费、虚假宣传、管理混乱、霸王条款等乱象，增加了教育成本与学生负担。一度，社会上议论四起。

"寒冬"中的"热潮"

突如其来的疫情让彼时准备在新一年高歌猛进的教育培训机构一时间措手不及。即便是迪士尼英语这样的老牌培训机构,也在2020年夏天遗憾离场。在这一年内,无数家教育机构倒闭、跑路,大量的负面信息宛如狂风暴雨般席卷了整个行业。

与此同时,线下教育培训机构纷纷向线上转型,资本大举进入在线教育市场,市场的风开始向"互联网+教育"狂吹。从表面上看,2020年是中国教育培训行业被"洗牌"的一年,很多线下教育实体因资金链紧张而倒闭,然而就是这个被认为是"寒冬"的一年,教育一跃成为一级市场内融资总额最高的板块。有媒体统计发现,2020年中国K12在线教育累计融资额超过500亿元,比行业过去10年融资总额相加还要多。高途创始人兼董事长陈向东曾向媒体表示,2020年全球教育投资大概80%流向了中国。

对于教育市场来说,2020年到底是经营的"寒冬"还是资本的"热潮",如今看来答案已然明了。而当年,身在其中的"局内人"能否像今天这般清醒?

光华人的坚守

前文也提到,面对这些外来者以及他们裹挟而来的资本浪潮,光华集团内大家不约而同地选择坚守自己的办学道路。即使在风口的这几年,我们在长三角仍然按照自己的步调,平均以每年一所新校的节奏在长三角区域布局。甚至从2020年开始停止开设新的校区稳扎稳打后,整体学费收入反而比上学年增长40%。

痛苦的整合期

"千淘万漉虽辛苦,吹尽狂沙始到金。"经历了教育资本的潮来潮往,我们收获了一些宝贵经验。

除了政策监管的规范,融资过程也对我们规范管理起到了很大的推动作用。尽职调查不仅是投资机构的常规流程，对当时的光华来说也是接受调查考验，正是从那时起，大家开始有意识地规范各种文件的管理。

"融资迫使公司更高效地做出转变。"后来加入光华的财务负责人杨帆称。投资机构加入后对管控的要求随之提高，我们的内控流程管理也更上一个台阶，主要体现在加强预算体系的控制管理，包括定期汇报机制和例会制度等。

在融资过程中，我们为上市做了超前的规范准备，但在信息化办公系统和预算体系方面还有很长的路要走。当然，这种专业和规范也需要我们管理层、员工和学校磨合。还记得 2019 年光华校长大会，所有校长都齐聚杭州，集团各部门负责人向校长们介绍了最新的制度文件。校长们的第一反应可以说是相当冷淡，规范对于实际运营的人来说意味着更多的麻烦。但规范也意味着信息更加透明，权责界面与过程都可以"回溯"，这是必需的。因为如果要上市，不仅监管部门需要知情，购买我们股票的股民作为股东同样有权知道我们的经营情况，但这又与我们对校长承诺的"放权"有矛盾。复杂的制度并不一定意味着效率的提高，新的制度也会破坏原来的工作习惯，需要有一个适应过程，这是我们在进行制度改革时备受校长们质疑之处。

之后的整合期虽然漫长又痛苦，充满了细节上的博弈，但从战略角度考虑，为了集团的长远发展，为了我们共同的目标，校长们用实际行动表达了他们的理解。

起落之间

事实后来也证明，我们的选择是正确的：一方面，市场是用脚投票的，更何况是在中国目前的社会环境下，教育仍然带有强烈的结果导向，只玩弄资本游戏的办学者不太可能取得优良的办学成绩，大部分这种类型的学校在热闹之后最终归于沉寂，即使是"巨无霸"一般的某知名企业，在多个地方的学校由于教育质量不佳也逐渐陷入招生困境；另一方面，随着地方政府债台高筑以及房地产行业的下行，加之国家对教育资本化的政策收紧，这种资本运作模式的前景也被蒙上了阴影。

有时候我们感慨，资本是一柄"双刃剑"，它让许多从业者获得了在风口起飞的机会。但是在这其中，"金子"毕竟是少数的。"眼看他起朱楼，眼看他宴宾客，眼看他楼塌了"的说法丝毫不夸张。

"跌跌不休"

2021年夏天，当年第6号强台风"烟花"在西北太平洋洋面上生成，惊涛巨浪席卷而来。几乎在同一时间，在中国教育领域酝酿已久的一场飓风也同步降临。7月24日，《关于进一步减轻义务教育阶段学生作业负担和校外培训负担的意见》（以下简称"双减"）正式出台，这份文件由中共中央办公厅、国务院办公厅印发，文件对校外培训机构的数量、培训时间、培训价格的限制和禁止资本化做出了明确规定。

资本市场的反应比政策公布来得更快，7月23日是周五，即当周最后一个交易日，好未来美股因股价大幅下跌，一度触发熔断，恢复交易后仍持续下跌，最终收跌70.76%，市值蒸发约93.64亿美元，与年初相比，好未来股价同样跌去超9成。近年来新上市的在线教育类公司同样损失惨重。中国香港市场的教育股同样"哀鸿遍野"，以龙头新东方为例，7月23日新东方港股股价跌去了40.61%，市值缩水近400亿港元。

从2020年的高潮到2021年，时隔仅仅一年，教育转眼间成为投资者们争相逃离的板块。事实上，在《中华人民共和国民办教育促进法实施条例》修订后，大部分教育从业者认为"双减"的颁布是迟早的事情，只不过如此雷霆万钧的势头还是超出了相当一部分人的预想。

无论如何，"风暴"毕竟是来了。

我毫不讳言"双减"政策也给光华带来了重大打击。尽管我们在2020年开始为了提前应对政策变化以及规范上市，就对相关业务进行了调整和剥离，但"双减"仍然直接叫停了我们的上市计划——从某种角度来看，这或许也是不幸中的幸运，如果靴子晚几个月落地，那时已经上市的光华或许会遭受更直接的损失。

潮水退去

2022年初春的北京，天空灰蒙蒙的，气温还没回暖，疫情还在反复。我在一次私人聚会上见到了许久未见的俞敏洪先生。那时的新东方股价并不乐观，很多人看空疫情和"双减"后的教育行业。想到相识多年，我还是忍不住问了一句"老俞，近来可好"。他回答说，还在努力。很多话大家心知肚明，我们都清楚地知道，经历"风暴"后的民营教育企业，还需要努力探索创新的路。

作为同行，我一向欣赏俞敏洪在创业道路上的韧劲儿。相比裁撤业务与人员这种简单的自救手段，转型或许是一条更艰难的道路，但对企业的长远发展更为重要。新东方在"风暴"中的一系列举措，依然无愧于其行业龙头的地位。其他机构的转型也大同小异，譬如好未来宣布在课后托管、成人教育、素质教育中心等领域发力，高途宣布转型成人职业教育，网易有道则瞄准素质教育与智能硬件等赛道的融合……

事实上，大多数机构的转型是在夹缝中艰难探索生存之道，过去以应试为主的培训可以拿捏住绝大部分家长的刚需，改做素质教育之后，家长们还愿不愿意在校外机构中投入高额成本，目前谁都难下定论。毕竟，素质教育改革在中国推行良久，却始终难觅一条康庄大道。

面对这场"风暴"带来的冲击，光华同样有自己的思考与行动。

早在2018年前后，我们就开

北京初春，我和老俞

始探索在营地教育领域发展的可能性，并将其作为我们在学校内教育的延伸。营地教育一方面为我们自己的学生提供优质的素质类课程与场地，另一方面也可以向社会输出服务。2019年，我们在投资了一批STEAM教育机构的基础上，探索项目化（Project-Based Learning, PBL）学习的市场化。至2020年下半年，随着光华营利与非营利业务的拆分以及我们的上市计划进入实际操作阶段，为了营利与规避风险的双重需要，我们反复调研与论证了开展艺术与科技类素质教育业务的可能性。

因此，事实上光华已经早于国内大部分民办国际教育机构，开始在素质教育与终身教育领域的业务探索以及人才培养。潮水退去之后才知道谁在裸泳。从某种角度来看，这也是我们在"双减"冲击之下仍能对业务转型与集团长远发展抱有信心的重要原因之一。

第二篇 文化之旅

因为热爱,我们在蓝天下汇聚
我们跨越山川大河
不断探索前行
一次次在风暴中突出重围
将挫折化为前行的能量
让每个人成为最好的自己
成为一个闪耀着独特光芒的存在
这是光华的愿景

第七章

为什么是光华

教育行业从来都不是一块平静的海域，置身这片海域，光华也曾面对过风暴与危机。如何将挫折化为前行的能量，这一直是光华必须面对和思考的课题。当我仰望星空的时候，总是在思考：光华抓住了什么样的机会，能够在过去取得些许成绩？又将何以走向更远的未来？

我投身教育并不是一时兴起，也并非为了赶上资本"风口"，而是出于我长时间以来对中国教育的观察与思考。当我还是本科一年级学生时，就写过一篇长篇报告文学《变形大学》。在这篇现在看来非常不成熟的文章里，提出了我日后反复思考的一个问题：什么是好的教育？

在我职业发展过程中曾面临诸多选择，但我最后选择了教育这条不平坦的路，而且在这条路上一走就是 15 年。我想用这一串串脚印，来回答 18 岁的自己提出的问题。

教育行业充满学术氛围、思想交汇和人文关怀，相较于其他行业更有温度。著名教育家、思想家陶行知先生曾以"爱满天下"的博大教育理念启发世人，告诉人们"爱人者人恒爱之"。因此，在我们开始组建光华的教育人才梯队时，更愿意选择热爱教育、"有温度"的人加入光华教育事业中。

从光华创办至今，越来越多的人因为对教育的热爱选择了光华。

集团常务副总裁李正林老师于我亦师亦友，我本科期间在《同济大学生》报当主编时，李老师作为校团委副书记曾指导我们工作，这份情谊幸运地延续到今天。在 2013 年光华 5 周年时，李老师加入光华，成为光华集团化发展过程中的核心管理者。

李正林老师生活中平易近人，但对工作的要求又是细致严格的。对于人才的管理，他希望光华采取一种柔中有刚的方式："我希望我们的管理文化是比较人性化的。首先，管理文化要跟我们从事的行业相称，我们本身就是做教育的，因此企业文化最好能够和谐一点。我也跟人事部门说过，光华的人才不要搞成针锋对麦芒一样。有理说理，这也是我们倡导的企业精神。"

之后伴随着更多同仁的加入，光华逐渐在人才管理规范性上体现了"刚"的一面，但又在福利关怀、团建活动和职场文化方面充满了人性化的"柔"的一面。

这几年，公司规模不断扩大，有更多年轻面孔加入光华，柔中有刚的文化理念成为员工自觉的认同。"我不能保证他们都能在光华工作一辈子，但至少他离开这边的时候，能想到在光华的工作还是蛮开心的就可以了。"李老师说。

"五个一"工程

在光华发展壮大的过程中，我们有得亦有失。我们培养了一批批奔赴世界名校的青年才俊，但我们的管理人才特别是创始团队中的骨干也有部分流失。面对未来集团的发展和旗下校区的运营管理，我们的解决方案是什么呢？

概括来说，它应该是一家传统意义上的公司正常运行、健康发展的管理制度，也是其转型为创新教育集团的一套前置规划。在总结了过去 10 年的办学经验与教训后，我们在 2018 年开始梳理这套解决方案。在集团内部，我们将其称为"五个一"工程，包括了以下五个方面。

一流的人才

我们对人才选拔与培养的标准是什么呢？

在设置这些标准前，我们需要先认清一些现实情况：首先，受传统观念的影响，相当一部分优秀人才倾向于进入有编制的企事业单位，教育行业尤甚。光华作为一家民营企业，对人才的吸引力没有先天优势，民办教育行业受政策波动影响较大，优秀的人才加入之后如何使其产生归属感，也是很重要的问题。其次，光华的核心业务板块在国际课程教育领域，这是一个小圈子，竞争对手之间的信息相对透明，人才的流动也会被放大。更何况，光华并不是一家守成的企业，而是一家不断创新和发展的企业，因此我们选拔人才不仅看业务技能，更重视其适应能力与持续学习能力，这就对我们的人才培养制度与梯队建设体系提出了较高的要求。

结合这些情况，我们的人才选拔与培养标准也就呼之欲出了——

招募合适的人。在公办学校做得好或者在其他教育机构工作出色的人才不一定能适应光华。比如地方公办学校的校长，尤其是知名公办学校的校长，以往很少有招生的压力，但是来到民办学校，不仅得招生，各种政策与资源都需要去争取。同一个人坐的位置不同，别人的态度就完全不一样了，如果还是采取以前"等靠要"的做法，学校就生存不下去。而有些人思维很活跃，喜欢尝试不同的事情，对教育的理解很独到，对教师与学生的管理也比较宽松，在公办学校体制内，也许没有用武之地，甚至会"多做多错"，但在光华，他们反而会受到鼓励。我们需要这种人才，因为我们所服务的受教育人群需要多样性，他们希望去尝试各种可能，而光华的校园活力也需要通过多种方式去激发。

培养优秀的人。根据集团人事部门统计，2022年光华全部在职员工中，硕博研究生接近50%，即一半员工达到了硕士及以上学历，且大多数人具有海外留学经历；在学校的主要管理团队与教学骨干中，这一比例更高。然而，高学历只能证明一个人具备较好的学习能力，并不意味着全面优秀。我们希望这样的群体进入光华后，通过价值观的认同、实践经验的积累以及公司充分的赋权，逐渐成长为可以独当一面的人才。因此，我们重视企业内部的培训，即使是基层的员工也会定期参与有关政策的学习讨论，让每一名光华人都清晰地知道我们的目光投向哪里，我们的大脑应该思考什么问题，以及我们下一步计划做什么。在有新的发展机会时，我们通常会优先考虑内部赋权，譬如我们杭州校区的校长来自盐城校区，光华启迪的创始团队则出自集团中层与归国校友等。可以说，集团化办学抬高了人才成长的天花板。此外，我们尤其重视年轻人的多样化培养，在部门与部门之间、学校与学校之间、不同类型的项目之间都有交流与轮岗，有相当一部分管理、教学、研究、营销等不同类型的人才是我们通过轮岗发掘出来的，这使光华本身也成为一所人才培养学校。

激励勇敢的人。对于任何一家企业而言，避免员工停留在"舒适圈"是一件很重要的事情。随着事业的发展，越来越多的"橄榄枝"投给了我们，其中有的来自开发商与相关企业，有的来自地方政府机构。面对这些新的项目，我们非常清楚它们可能是重要的机会，也可能是短期内难以攻克的挑战。面对这些机遇与挑战，我们既要不断引入新鲜血液，也要有一批经验丰富并且坚守光华使命与价值观的骨干去做"压舱石"。

一流的管理

从十几个人的创业团队到有逾千名员工的集团，从一个校区发展到十多个项目，光华在摸爬滚打中积累了一些集团化的管理经验。在此也分享几点具有普适性的管理策略。

一是在人事管理方面。光华在不同地区有不同的办学项目，由于地方政府的支持程度、项目的办学基础及发展阶段、市场竞争环境等因素的不同，我们对各个办学项目管理团队的组建及其考核要求也会有所差异。举个例子，我们对学校的师生比、人力资源支出在预算中的占比以及管理团队、教学团队的分别占比都有原则性的要求，但在具体操作中，我们也给予学校一定的弹性。原则要求与弹性政策之间如何平衡？我们通常通过对学校主要负责人的年度与中长期 KPI 指标来把控。

二是在财务管理中,基于预决算制度,我们给予学校充分的财权,但这并不意味着集团完全放权。与之对应的是,我们在各个机构设置了财务总监这一岗位,其职责是协助光华在各区域的下属机构进行规范化的财务管理以及与集团、各主管部门进行业务沟通。我们希望这种有"润滑剂"的管理方式能够给予学校更多自由裁量的空间。

三是在学校的工程、课程、活动、知识产权保护以及校园文化建设等具体项目的管理中,我们主要依托集团的支持部门为下属机构提供各项专业的咨询服务,并由学校的董事会、专业委员会等决策机构进行项目方案研讨。这些制度为我们的"专家办学"理念服务,但同时也将一部分管理成本从学校转至集团来承担。我们认为这有助于学校的主要管理团队将更多精力投放在教学本身上。

管理是一门艺术。有人认为民办学校的校长是职业经理人,不应过多参与决策性事务。但教育是一个特殊的行业,我们请来的这些职业经理人都是知识分子,有人说知识分子是有脾气的,在某些方面是要面子的,我认为要面子这种表述并不准确,应该是要求平等与尊重。既然如此,我们就应该真正做到以人为本,先从我们对待校长的态度做起。我们在学校的师资建设、教学组织、课程设计乃至学校发展到了一定阶段后的办学规模与项目拓展上,做到基本尊重校长的意愿。光华所要做的,就是围绕着学校的需要,制定好各种保障性的制度。

一流的品牌

我一直认同一个观点,输出品牌的本质是输出服务。尤其对于集团化办学的教育机构,在地项目对资源的需求是多元的,新学校看重在骨干教学团队与资金方面的支持,以保障学校快速出成绩,而相对成熟的学校则更看重学校软实力的提升以及办学风险的控制,我们可以通过系统制度与细节管理来实现。

品牌形象的塑造本身也是教育,或者说是精英教育的重要组成部分。

以伊顿公学与哈罗公学为代表的许多欧美老牌学校为例，它们对学生的着装搭配有严格的要求，日常需要穿戴正装，在不同场合与活动中还需有其他搭配。如果教师遇到有学生不讲究，通常会要求其回到宿舍重新整理后再参加到教学活动中来。这些看似与学习无关的规则，恰恰是这些学校在文化传统与礼仪教育方面的重要举措。经过长年累月的坚持，这些传统本身也成为一个文化符号，比如天蓝色外套与英式硬草帽，几乎是哈罗公学学生装束的代名词。视觉形象的严格管理有助于我们成为让他人第一眼就可以记住的品牌，也可以潜移默化地强化学校对美育与文化的重视。

目前集团对于一流品牌的建设主要体现在整体视觉品牌的提升、校园文化建设和宣传报道等维度，在规范化管理下，放大各校特色，在一校一品中树立不同的校园品牌形象。分布在各地的光华校园交织成璀璨光华品牌的独特底色，使其在中国教育行业中更具有辨识度和影响力。

一流的校园

过去，光华的每一所校园主要承担教学的职能，而现在，光华致力于打造的未来学习中心不仅包含传统的校园，还有创新实验室、营地教育和各种类型的公共文化设施。它们不再是独立的个体，承载教学只是这些单元的职能之一，它们更重要的职能是像迪斯尼总部或者好莱坞一样，开发光华想要输出的内容并提供后续的服务，以及集中展示我们的教育理想，吸引认同者。

光华办教育的理想之一是提供美的教育，因此，我们从2018年开始，将包括学校在内所有场地的文化建设提升到一定的高度。

我曾在牛津大学访学，在这期间，我将大量时间花在学校的图书馆与博物馆里，因为牛津大学的历史及其所沉淀的精神气质令我喜爱，其精巧设计的建筑所表达出来的视觉美感也令我沉静。师生在校园的角落里学习、讨论、争辩的场景随处可见，各种类型的学生社团也会利用各个场馆与空地表演或发表演说。我想，这种自由的学术氛围与学校的精神传承息息相关，也与大巧不工的校园文化环境密不可分。

一流的 IP

对光华而言，IP 的开发、引进与融合并不是一项新业务，相反，它是光华最传统的业务。早在 2008 年初创时，我们就是以引进英国剑桥大学国际考试委员会所提供的 A Level 课程而创建了我们的第一所国际高中。此后经过不断发展，我们还成为剑桥大学国际考试委员会在中国的高级合作伙伴，具备了为其拓展中国国际化学校的资质。我们奉行的也并不是简单的"拿来主义"，而是在引进国外 IP 的基础上，对其内容进行中国本土化的融合创新。譬如我们多个校园，在国际课程体系的基础上植入了具有光华特色的通识课程、选修课程与社团活动课程。

除了国际课程 IP 的引进，我们还在探索各种类型的 IP 融合。我们希望通过光华的资本运营，能有更多资源去支持软件与硬件的建设，以构筑未来学习中心体系。在这个体系中，有些内容是标准化的，譬如我们对空间美感与功能的科学设计以及对课程质量体系的全面规划，但更多的内容是开放式的、个性化的。我们将用包容的心态去接纳各行各业不同人群的智慧与创意，并为他们提供合适的空间或者合作方式来打造个性 IP、培养"个体教育者"。

支撑体系

除了上述的"五个一"工程，光华的企业管理制度中还包括资本运营管理制度和事业合伙人制度两项支撑。

关于资本运营制度的支撑，光华每一个拓展的项目都依托于专业的市场调研、投资顾问以及投后管理团队，建立了科学的运营与管理制度，在确保教学质量与校园品质的基础上，有效保障投资效益，并为集团、学校的长远发展做好规划。

通过另一项支撑——事业合伙人制度，我们的员工用自己的辛劳与智慧，在光华的舞台上绽放别样光彩。长久的合伙不仅需要人才与企业保持相似的成长步伐，还需要企业与人才共同分享一致的理念以及成功的红利。

对员工而言，成为公司合伙人无异于二次创业，是需要勇气的。为此，我们制定了相关制度，鼓励一些在业内积累了一定资源的员工去开疆拓土。而对于那些愿意去新的项目"操盘"的员工，我们也会给予包括期权、盈利分红等不同形式的激励。当然，物质的回报始终只是基础，更为重要的是我们可以给勇敢迈出步伐去"吃螃蟹"的员工以制度保障，譬如在初期资金、人才团队、市场资源等方面的支持。

光华在这些年始终保持较快的成长，与这种鼓励员工走出去的机制是密不可分的。光华的事业合伙人制度为优秀人才提供拓展事业的必要支持与发挥特长的舞台，打造组织与个人成长发展的共同体，分享成功与收益。光华永远是一个拥有梦想的公司，我们的合伙人有30岁的年轻人，也有70岁的"老将"。虽然我们的梦想远远大于现有的资源，但我们坚信，梦想本身会赋予更多资源。

在教育行业内，如果从创业时长、资本实力和业务规模来看，我们并不突出。但是，我们始终怀有推动创办更好的教育、提升更多人生活品质的初心，我们也有信心以更开放的心态和合作方式，与同样怀有美好教育理想的同行者一起，践行教育事业的共同梦想。

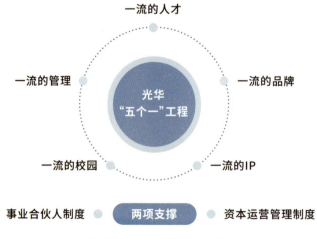

光华"五个一"工程以及支撑体系

第八章

做最好的自己

近年来,国际学校不断探索改进,蓬勃发展,其存在目的不仅仅是输送学生到国外读书,而且是着力培养具有国际化视野且富有创造性的未来人才。

在光华充满活力和机遇的校园里,我们时常听到学生和教师们挂在嘴边的一句话:做最好的自己。这句话不仅仅是一句口号,更是一种力量、一种激励、一种信仰。光华希望关注每个学生个体的需求,用幸福教育点燃他们的创造力,让学生真正为未来有意义的生活做准备。

在这里,我们不只是在追求卓越的学术成就,更是在追求内心的升华和人格的完善。教育者、家长、学生汇聚在一起,共同探寻着做最好的自己的路径。每个人都有着不同的故事和经历,但我们的目标是相同的:成为更好的自己。通过聆听他们的自述和见解,我们能够更加深入地了解教育的真正意义,进一步明确我们的教育追求。

校长说

2015年,我们出版了雷冬冬博士的《做最好的自己——教育改变人生》一书,提出把"做最好的自己"视为光华所要彰显的办学理念。2020年初,我们又出版了章良的《做最好的自己——国际教育的融合创新》,分享光华在主流国际课程上的思考与实践,讲述光华如何培养学生的"软实力"。

光华一直倡导专家办学的理念,对于"做最好的自己"的教育理念,校长们就是最好的执行者。

光华剑桥校长雷冬冬博士

给学生多样化的课程选择权,是做"最好的自己"的第一步。

我在英国学习和生活十多年,如果让我用一句简单的话来概括中西教育的差异,我的理解是:中国的教育一直在努力地让学生做"最好的他人",而西方的教育却希望让孩子们成为"最好的自己"。

做最好的自己,一句看似非常简单的话,却是许多人一辈子也没有想到,更没有机会做到的。

我们的孩子从小都在大人的教导下,去学看起来有发展潜力的各类乐器,参加各种可以加分、提高成绩的补习班,争取把学校教的知识学好、把师长交代的事情做好。然而,孩子们却很少有机会去想:"我到底擅长什么?我希望成为一个什么样的人?"

我们的教育体制、父母和教师们的教育方式几乎没有给孩子选择的机会和权利,"听话"和"服从"就是好孩子的标准。所以,我们的孩子不会去思考"我喜欢什么",一切按照父母和教师的既定标准去要求自己,就是所谓的"最好"。

由于中国的教育目前还停留在课程设置的标准化和评价体系相对单一的阶段,因此,孩子要认识自己,首先还是要从学业开始。每门课程的设置都是有一定道理的,也都需要学生们在某些方面拥有相应的思维能力。比如,我们的学科一般分为五大类:语言、数学、科学、人文学科、艺术。其实很少有学生能学好所有五大类的课程,原因显而易见——没有人是万能的。许多人只是擅长其中的某些学科,而对于另外一些学科,无论花多大的精力也不能学得很好。

对于这一问题，教育相关部门也一直在探索改革路径。但是，到目前为止，除个别处于改革前沿省市的学校外，学生们在高一年级之前仍是学着同样的课程。

在这样的课程设置下，我们通过对学生情况的仔细分析后发现，有些孩子数学和物理都不错，但化学不行，因此，如果选理科，化学成绩一定会影响整体的分数；也有些学生数理及文科的成绩都不错，但孩子的文科天赋在我们的评价体系中并不能体现。所以，目前中国的课程体系还是没有给学生提供一个选择学习自己最喜欢和最擅长学科的机会。事实上，"我喜欢"才是每个学生学习活动的真正动力。

对于这一点，我自己在求学历程中的体会就很深。当年，我的物理成绩较差，但受到外在声音影响，我选择了继续攻读理科。后来，我的高考总分还可以，我随大流，想当个工程师，于是就读了工科院校。但当时的我并不知道，物理不好的学生是不适合读工程的。可想而知，一个物理不好的学生，缺乏良好的动手能力和空间想象力，在工科院校能有何作为？令我庆幸的是，我留学英国后，选择了攻读数学系的博士，这时我才发现，自己读起来非常轻松，也很顺利地通过了答辩，获得了学位。回眸再看，如果我没有留学英国，则是继续在国内做一辈子工程师，或许会在一事无成的同时，还不知道为何从事了自己不擅长的行业。

其实，这样的例子在现实中比比皆是。比如，创造了互联网神话的马云曾经因为数学不行，高考连连失利。但中国的教育体系没有给这类孩子机会，如果学科专长与统考的科目不匹配，就没有可能在竞争中获胜。

按照我的理解，教育应该是在低年级的时候让学生们尝试各种学科的学习，先有一个全面认识自己的过程，到了高年级再让他们自由选择课程。

在光华剑桥，我们开设的 A Level 课程有几个特点：一是科目齐全，共有六十余门课程供学生选择；二是组合自由，所有课都是选修课（包括数学），没有必修课。学生可以根据自己的实际情况，选修3～4门。比如，中国学生理科比较好，就可以选择数学、物理和化学；如果数学特别好，在高三阶段就可以再选修一门进阶数学；文科好、理科弱的同学可以选择历史、中文、英语文学等纯文科类课程；如果文理兼备，学生就可以从开设的课程中选取自己喜欢的任何学科就读。这样一来，学生们完全可以扬长避短，把自己的优势最大化。可以说，A Level 开设的课程可以满足 95% 中国学生的选课需求。这种选课机制可以让绝大多数孩子能选到自己最擅长的课程组合。

不过，根据我们以往的经验，当学生们刚从国内体系进入国际课程体系时，对选课还是比较茫然的。这看似是一个非常简单的事情，且学校每年也都举办选课说明会，可即便如此，还是有学生会发现自己选错学科。其中主要原因是，有些孩子不去想"我到底喜欢什么"，而是关注"别人选了什么科目""什么科目好拿高分"。其实，别人容易拿高分的，不一定适合自己，因为每门课都有其难点。

因此，光华剑桥给出的选课原则始终是：选课之时，选你所爱；选课之后，爱你所选。我们在低年级的时候，采取必修和选修课程相结合的方式。在确保学生们能有一个比较合理的学科结构的基础上，给学生一定的选课自主权。比如在高一（Pre）年级，学校把英语、数学、物理和经济设为必修课，然后从历史、地理、心理、艺术与设计中选修两门。这样一来，就确保了学生们在低年级的课程涵盖数学、科学以及人文和语言等大类。到了高二年级，学校除英语之外，不再设必修课，所有课程均为选修，学生可以完全根据自己的兴趣爱好来进行课程组合。虽然大部分学生的选课还是停留在数学、物理、化学和经济上，但越来越多的学生已开始选择各种不同的课程组合。

在这一过程中，我也碰到过一些比较特殊的情况。一些在国内体制中比较"叛逆"、家长和教师们都觉得不太用功读书的孩子，在进入国际课程体系之后反而学得很好。这些"叛逆"的孩子很多是感到家长不理解自己。最常见的例子就是，有些孩子明明文科学习非常轻松，但家长一定要求孩子学好理科，大部分的课余时间花在补习理科上。结果到最后，不仅理科没有学好，文科的优势也丢掉了。孩子对理科学习不感兴趣，在家长们看来，就是孩子不用功。对于这些家长，我想说的是，所有人在做自己不擅长和不喜欢的事情的时候，都难以百分百地投入时间和精力，当你觉得自己的孩子不用功时，不妨听听孩子的真实想法。

认真地倾听孩子，并给孩子们提供多样化的学科选择，就是帮助孩子们在成为最好的自己时走出关键的第一步。如果孩子们选择了自己喜欢和擅长的学科，则无论是在哪国的高考中，都有可能成为最好的自己。

正如我在第五届 IEIC 国际教育创新大会上所说的那样：尽管教育的政策不断在变，但教育本身并没有变，这个世界对人的要求也没有变。无论是过去、现在还是将来，每个孩子行走在世上，都需要有学习能力，让自己幸福的能力和正直、善良的品德。

成功的教育，就是让孩子发现并成为最好的自己。

集团教育总监章良

> 以学生为本，在"护城河"内给学生充分自由。

有人认为，教育体制太过庞大，且错综复杂，个人、个体学校的力量在其中所起到的作用极其有限。但我们的信念是：如果个人对教育变革充满激情，就能让一个学生、一个班级、一个年级，甚至一所学校发生改变。

一所实施国际化教育的学校，需要提倡一种自由、平等、开放、尊重个性的校园氛围，但并不意味着这是一个没有纪律约束、不需要规则意识的环境。任何一种好的教育，都不会助长为所欲为的自由，也不会鼓励唯我独尊的个性。真正意义的自由建立在尊重他人和敬畏规则的基础之上。

因此，我们的学校应当是民主的、师生共治的。我们希望学生思想上自由奔放、敢于创新，行动上严于律己、遵守团队的基本制度与规则，形成自由而不散漫、严格而不刻板的良好校风。学校的制度不能太过死板，条条框框不能太多，但是也不能对学生放任不管。给学生自由，意味着需要给"三权"：选择权、尝试权、犯错误权。在这个"护城河"里，学生应该有选择的自由——能否给孩子这个自由，是教师能否有分寸地表达关爱、有质量地教育孩子的"试金石"。教师只有首先解放自己的思想，理解自由意志在教育中具有何等价值，才能把自由这个无价之宝送给孩子。

为了帮助学生成为"最好的自己"，我们在学生和课程上苦下功夫。

管理学生时，我们沿袭了班级和班主任制度，并通过小班化教学，促进每一个学生全面而富有个性地发展。同时，我们通过小组合作、探究学习等教学方式，让师生交流和生生交流更加充分，并积极分享各种教育资源。我们尤其重视学生的心理健康工作，在学生入学之初就对他们进行心理健康普查，为每位学生建立心理档案。档案记录的不仅是心理健康诊断测验结果，而且包括人格特点、自我意识、学习心理和生涯发展情况。我们还配备了专业的心理咨询师为学生提供专业心理指导，促进学生的身心健康发展。

此外，我们非常鼓励学生对教师的教学和管理过程进行监督和反馈。学生对教师的评价主要包含两部分。第一部分为学生对教师的课堂常规、教学效果、作业反馈等项目进行评分，每条内容最高分5分，最低分1分；第二部分是必答题，由学生对教师的教学提出具体的改进意见。学生评价教师的结果是客观反映教师教育教学质量的重要依据，将作为教师职务聘任、评先评优、职称晋升以及享受岗位津贴的参考依据之一。

在课程资源开发方面，我们提倡学校向社区专家和家长代表进行咨询，共同探讨和提高学生的社区参与度，开发适合学生发展的课程资源，培养国际学校学生的国际情怀和使命感，教会他们独立思考，以及辩证、全面地看待问题，以实际行动推动教育民主化进程。

杭州校区校长彭志祥

面向个体，寻找中西教育模式的融合与平衡。

教育国际化是个普遍性议题，杭州校区的发展愿景是"办一所面向个体的、中西融合的学校"。在我看来，教育国际化的核心是两种教育模式的融合，最好的教育是达到中西方优质教育的融合与平衡。

国际化教育是在中西方教育比较的基础上进行的。

比如在课程形态上，国内更强调分科课程，而西方强调整合课程。如果你觉得整合课程更好，就很有可能淡化分科课程。但实际上，分科课程和整合课程是一张纸的两面，都很重要。我认为，在小学阶段，选修课程就不是多多益善。这个阶段要注重经典课程的实施，一定要关注学习内容的策划，这些课程的落实要比选修课程更有价值，对孩子未来发展有重要作用。在教学方式上，中国的基础教育更注重在书中学、在室内学，西方则更注重在做中学、在玩中学、在户外学。在课程变革中，教育方式的变革是教育国际化最难的一个方面。

在光华杭州校区，我们导入了两类综合课程。

第一类是 DI（Design Intelligence）课程，这与美国 20 世纪 70 年代的 OM（Odyssey of the Mind 的简称，即头脑奥林匹克创新思维活动，旨在培养青少年的创新精神和团队精神）同宗同源。事实上，它们的本质就是 STEM，非常强调真实的学习场景。通过将这一课程进行本土化的研发，2019 年，我校学生第一次参加了浙江省比赛，并获得了三等奖，也是临平区小学里唯一获奖的。我们还将这一课程与我们的科学课程融合，小学生在 6 年共 12 个学期里，每学期学习一个主题。我们相信，经过这 6 年学习的学生，肯定与不学 DI 课程的学生有所区别。

第二类是教育戏剧。在欧美发达国家，教育戏剧是一门普遍开设的课程，它是音乐、美术、语言等多种课程集合在一起的综合课程。目的不是让孩子演戏，而是通过表演这种方式去完善孩子的一个全人培养过程。这一课程我们在一年级开设，学校引进了从浙江音乐学院毕业的戏剧教师和在北京语言大学专门做戏剧的研究生任教。如果教育要国际化，就不能忽略 DI 课程和教育戏剧这些在西方教育中很普遍的课程。

光华杭州校区还有一个关键特征，那就是基于孩子的特性，为每一个孩子提供适合他们的课程教学，因材施教，面向个体。为了更好地做到这一点，学校从课程、教学到社团都有一系列举措。

首先，在课程上，尤其在规定课程的选择上，我们寻求差异化教学，具体包括教学内容分层、教学目标分层、教学过程分层、作业分层。比如，我们的孩子可以跨年级学习，如果语文非常好，五年级的学生可以参加六年级的毕业考试，获得优秀则六年级的语文就可以免修，省下的时间就可以学习其他科目。还有一个例子是，在我校，有 3 位同学对计算机编程非常感兴趣，学校就专门为他们三个人开设了编程课程。

随着学校办学改革的深入，在面向个体的课程方面会走得更远。初中部开设以后，我们在英语、数学课上采取走班教学，每一个孩子都有不同的英语、数学课表。我们今后还会继续扩展，让每一个孩子都拥有自己的课表。这其实并不新鲜，北京第十一学校就是这么做的。不仅如此，我们的初中部也在英语、数学学科上引入了学科教室的概念。

另外，我们的社团包括了普及与提高两个层面。普及层面一共有 42 个社团，固定社团活动时间是每周的"快乐星期五"；提高层面社团则是每天下午 4 点后的教育品牌合作社团。我们每年还举办艺术、体育和科技嘉年华，给社团成员们一个展示的舞台，同时提高他们对学习的兴趣。

家长说

一个优秀的学生背后，往往有着父母正确教育观念的影子。光华曾出版了《做最好的自己·家长说》，在这本国内首部从家长视角看国际教育的图书中，家长们以过来人的眼光，分享了自己的育儿理念与择校过程，以及孩子的国际学校初体验，相信会给正在考虑为孩子选择国际高中的家长们带来一些思考和启发。

家长张陆洋（孩子张融凯，光华 2020 届毕业生，帝国理工学院）

家校要合力培养孩子成为"人力资本"。

张融凯放弃了高中名校，自己选择了来光华读书。当时我们并没有问他原因，只是坚定地支持他。从社会发展角度来看，国家发展需要国际化，必然要培养更多的国际化人才。我们带他去过一些国家，去英国留学是他自己的愿望。

我们家距离光华剑桥很近。那时，不论天气怎样恶劣，雷校长每天很早就站在学校门口迎接学生，我觉得这给了学生亲切感，学校氛围也比较平和、自然。张融凯自己也说，在光华，学校不会排名，也不会用名次区分对待学生，大家相处得很融洽，不像以前因为排名，同学间的关系都很紧张。

总体来说，我们看到孩子在光华的学习和成长，很开心满意。我们很少过问孩子的学习，也不会要求他每一门成绩都要最好，但我们希望他能持续性努力，因为人生本来就是长期努力的过程。学习以外，他还拿下了学校辩论大赛冠军，综合素质的提升也是有目共睹的。

我在大学里研究的是风险投资以及创新的课题。经济学有个概念叫"人力资本"，我希望教育能够培养孩子成为"人力资本"而非"人力资源"。这两者的区别是，前者具有创新意识，更能为未来社会发展创造价值。所以我在2017年时，向学校提议并发起创办了"光华剑桥创新俱乐部"，也在光华首届人文科学与创新论坛上与学生们分享了创新理念。作为社团的指导教师，我带创新俱乐部的学生们去浦东新区参观了哈工大机器人，去深圳参观了华为和最好的防伪软件上市公司。通过这样的实地参访，孩子们会知道，课堂学习的知识只是九牛一毛。我希望在他们心里播下创新的种子，在打牢专业知识基础后，这颗创新的种子也会萌芽，进而去推动社会的发展。

我认为孩子的教育，不同阶段有不同的侧重点。早期主要是心智的塑造，我喜欢在运动中培养孩子的毅力。张融凯小学、初中时，一放假我就带他去登山。我们从来不坐索道，都是背包慢走，走累了就短暂歇歇脚。我们曾一起领略黄山的秀美、华山的险峻、泰山的壮丽，也收获了登顶的成就感。

中学是孩子形成价值观、树立理想的阶段。孩子们接触到的信息不再像小时候那么狭窄，在这一过程中，培养孩子们的国际化视野，鼓励他们未来为社会做贡献是非常重要的。

我认为家长需要和孩子做朋友，与孩子共同成长，而不是强行教导。很多孩子到了高中就有逆反心理，张融凯从来没有过，不论大事小事，我们都会共同讨论，他也很愿意和我们交流。

在现行的教育体制下，学生们每时每刻都顶着成绩的压力，家长们过度望子成龙演化成更深的焦虑。我自己深刻的体会是，孩子首先应当成为一个善良的、朝着正确方向不断努力和奋斗的人。家长们也要摆正自己的位置，鼓励孩子，与孩子一起学习。孩子不是为了成绩而去学习，只要他有努力的方向，为社会做正确的事，他的人生就是有意义且光辉的。

家长吴为民（孩子吴函江，光华 2018 届毕业生，威斯康星大学麦迪逊分校）

在光华，孩子变得越来越自信了。

吴函江初中时对于未来出国留学早有心理准备。初中的暑假，吴函江先后到英国和美国游学，提前习惯了国外学习生活，所以初中临近毕业时，我下定决心让孩子到国外读大学。

如果孩子的独立性较强，也比较自律，去国际学校就读是一个不错的选择。国际高中与国外本科阶段课程衔接紧密，一来可以让孩子全力准备国外大学的申请，提前接受国外教育的热身，二来也可以让孩子提前适应集体住宿的生活。

选择光华，因为我与鲁育宗博士相识已久，对光华的办学特色、教育理念、升学情况等比较了解。2015 年 8 月下旬，吴函江正式入读光华剑桥，学习 A Level 课程。

在光华，吴函江有了更多个性化、自由发展的空间。学校提供了种类繁多的社团活动，学术课程竞赛的机会也很多，为他提供了突破和提高自己的平台。我能感受到吴函江变得更加自信，也更有集体感。

从与孩子日常的交流当中，我也体会到了光华教师们刚柔并济的教育理念。他们既有爱心、耐心和责任心，又对孩子有较严格的要求。他们不会采取简单粗暴的方法，而是通过与孩子平等对话，让孩子认识到自己的错误或不足，这样更容易为孩子所接受。现在吴函江毕业离开光华已经两年多了，他对光华多位教师的印象仍然非常深刻。每次假期回国，他都会专门去看望光华的教师，交流自己在国外的学习生活情况。

对于孩子的家庭教育，我认为陪伴是很重要的。从幼儿园开始，包括小学和初中，几乎每天都是我送孩子上学。上学路上的半个多小时，就是父子俩轻松交流的时间。因此我对吴函江的学习状态了解比较直接，清楚孩子某些特定时段的困惑和焦虑。我相信孩子的成长是一个漫长的过程，也因此对他比较宽容，从未采取疾风暴雨式的教育方法，更多是通过柔性引导的方式，让孩子从心底乐意，不至于产生反感或抵触的情绪。吴函江从小到现在，没有经历过明显的叛逆期，我认为这也与父子之间任何时候都能平等交流有关系。

孩子成长过程中，我认为尊重孩子自己的兴趣和选择、鼓励孩子自己决定、独立完成自己的事情是非常重要的。高中时，吴函江选择了"双线作战"，一边跟随学校安排，参加剑桥国际的考试，一边参加了 TOEFL、SAT 考试，为申请美国高校做充分准备。整个申请过程中，从学校的筛选、推荐人的确定到文书的撰写，我们没有委托中介机构，主要是依靠孩子自己与学校升学辅导教师多次沟通、交换意见后自己拿主意，我只会给出参考性的建议。

2018 年初，吴函江拿到了多所英国和美国大学的录取。在家庭集体讨论权衡之后，吴函江最终选择了美国威斯康星大学麦迪逊分校的生物化学专业。经过一年的学习之后，吴函江对电子工程表现出了更大的兴趣，在大二第二学期开学前，他如愿以偿地转到了电子电气工程专业，而我再一次尊重了他的选择。

家长何一兵（孩子何羽仪，光华 2022 届毕业生，伦敦大学国王学院）

原来的孩子又回来了。

女儿何羽仪小学在杭州一所民办学校度过了非常快乐的六年时光，那所学校注重对孩子兴趣和综合能力的培养，我非常认可这些教育理念，因为学习是一辈子的事情。小学毕业后，她进入了体制内一所很有名的中学，但我发现孩子失去了原来那种快乐——她曾经是她们小学第一支电声摇滚乐队的吉他主唱，但是在读初中那两年半里，她再没碰过吉他，而且越来越不开心。其实我女儿很听老师的话，每次作业也完成得很认真。但我觉得，大量练习很无效，还把人弄得很僵化，所以最后还是决定更换跑道。

我最早的计划是让她把初三读完，参加完中考，在杭州找一家国际学校。但后来我了解到上海国际学校的水准，就让她先来上海学校找差距，回去后强化英语和数学。后来，她如愿进入光华。我能感觉到，何羽仪到了光华后，她的快乐又回来了。

高二的时候需要确定专业方向。她说对经济学和心理学都有些兴趣，特别是心理学，我支持她。大学就是打牢学科基础的时候，心理学也可以和很多方向结合，比如教育、商业、运动等。其实，我自己是理科生，如果完全按照我的想法，我就想让她先打一些理工科的底子，在这个基础上再结合人文学科。但家长不能完全按照自己的想法去规划，孩子有她自己的兴趣。而且除了知识的学习，我觉得还需要强调人文和美学方面的训练。因为专业知识能够决定你盖哪栋楼，人文和美学则能够决定你这栋楼最后能够盖多高。所以我觉得，中学到大学一直都是打基础的过程，到了研究生阶段，她可能才需要去确定一个专业方向。

我自己是从中国互联网元年开始就进入互联网行业，此后一直在创业，算是互联网创业的"老兵"。总结我的创业经历，我觉得教育最重要的就是培养孩子创新的能力。创新的核心是去解决问题，而能对问题敏感、发现问题就已经成功了90%。如果你找到了真正的问题，就总是能想到办法。所以在教育问题上，我觉得培养孩子的好奇心与求知欲非常重要。

现在教育最大的问题就是过分强调标准答案，往孩子们原本就不大的"容器"里塞东西。我认为教育最重要的首先是扩大他们接收东西的"容器"，不断拓展孩子爱好的边界，点燃孩子内心的"灯"。在教育这件事情上，学校承担了传递知识的功能，但家庭也要给孩子提供后勤保障与宽松的氛围，让孩子愿意分享。

教育切忌功利。为了升学、加分去培养特长，代价可能是让孩子讨厌学习。鼓励他们去尝试，了解未知，他们反而会在这个过程中发现学习的乐趣。所以，我一直鼓励我女儿参与学校的活动，如体育、音乐活动等。她在光华剑桥的第一届女子迷你马拉松和学校运动会的跳高项目中拿了冠军，也在辩论赛中取得了不错的名次。我本身也是一个充满好奇心的人。有一次我们一家人去桂林玩，安排好了行程路线，我突然决定另辟蹊径，带她去看不同的风景。我相信，我的好奇心在一定程度上也会感染和影响她。

家长曹晋（孩子刘一璞，光华 2022 届毕业生，伦敦大学学院）

择校，我跟着孩子熟悉光华剑桥。

刘一璞五岁那年，我因为工作把她一并带去了美国，她与我一同参访了美国数十所知名高校。这段在美国的童年经历为她打下了良好的外语基础，也让她对美国大学有了直观了解，心中埋下了留学的种子。后来，刘一璞考上了一所公立知名高中，读得也很顺利，但她还是更想去留学。高一暑假，刘一璞通过朋友了解到了光华剑桥，进入牛津、剑桥的学长学姐的故事鼓舞了她，她就自己报名参加了入学考试，如愿加入光华，并以最高票当了班长。

到光华后，我觉得她学习上心无旁骛，自主能力得到了很好的开发，也很积极向上。前两天她和我通话，她说地理考了满分，数学是 A*，这些都是很好的。另外，她社团活动的能力也得到了提升——她组织了 USAD 美国学术十项全能赛，给学校申请到了 USAD 授权学校认证。她还加入了辩论社，并在全国中学生美式辩论联赛中获得了深圳八强、上海亚军的好成绩，也收获了"Top Speaker"的荣誉。我们作为家长，跟着孩子了解学校之后，发现光华剑桥的师资很强，很多教师有博士学位，有自己的判断力和独特的见解，会启发孩子去做一些研究。

在选择专业方向的时候，我们尊重她自己的意愿。我们家比较民主，不会强硬地阻止她做自己想干的事情,我们都是通过比较巧妙的办法跟她沟通。所以,我们的关系一直很好,她也愿意把心里的秘密告诉我。整体来说,孩子还是比较健康,比较阳光的。

在我的观念中,教育最核心的一点就是训练孩子的耐挫能力。为了达到这个目标,首先就要强身健体——体育带给人的不光是体格的锻炼,还会培养人承受挫折的意志力,这是在书桌前得不到的。所以,体育其实是学生成长过程中的一个母体学科,是要放在第一位的。如果没有良好的身体素质和健康的心理,今后遇到竞争和焦虑,孩子除了抑郁之外,就没有别的出路。我女儿小学在美国时成绩很好,从美国回来之后,在初一的数学科目入学考试中,一度惨遭滑铁卢。由于对自己一贯的高预期,她感觉自己一下被甩到了谷底,心理压力很大,有时甚至在家里哭。为了疏导她,同时鼓励我自己,我看了很多心理学的书籍,告诉自己要有耐心,一定要给予孩子时间,陪伴她一起坚持下去。家长自己做好榜样,是给孩子最好的鼓励。

除了耐挫,孩子还要学会自律。现在的生活水平提高了,孩子们有这样一个倾向,就是每个孩子都想要好的结果,但是在付出努力的时候又很容易分心。可是没有辛苦付出,哪来丰收?这当中的张力完全要靠自己的自觉。所以我和刘一璞说,只有自律,你才会有最大的自由。比如说,我要求她周五回来的第一件事就是把拉杆箱拉开,把自己的衣服全部洗干净晒好。这是她自己的事情,我们家人都没有责任提供帮助,所以她就养成习惯了。虽然这些都是非常微观的事情,但是好习惯非常重要。

现在都在说"内卷",我认为其实社会结构都会有各种各样的问题,但人通过教育或其他成长途径,是有挑战和突破结构的能力的。很多家长早早地就为孩子准备好了房子,觉得他们一定要过上城市标配的生活。但其实人生的舞台是很大的,一些北京大学、清华大学的毕业生去农村做教育、发展农业,也有了自己的成就。今天,我们要有一种开放的视野,如果被大众化的想法局限了,就会被"内卷"真正地伤害。孩子长大了,有独立的人格,家长应该给他们一定的尊重,让他们去靠近自己的理想。刘一璞每年暑假都会去云南给贫困县的学生举办学生夏令营，邀请一些教授、博士去授课。不论是支教的人，还是当地的学生，都在支教的日常生活中看到了另一种风景，这也是一种成长。

家长盛丽平（孩子赵洁，光华 2015 届毕业生，香港大学）

人生没有白走的路，每一步都算数。

选择光华剑桥和国际高中是因为意外听了一场雷博士的讲座，那之后我对教育的理解有了一个很大的转变。我的女儿赵洁在初中时候成绩并不拔尖，却很有灵气。如果进入一所普通高中，我觉得机械重复式的应试教育模式很可能毁了我的孩子。在这之前，我们其实并没有想过送她出国，但是考虑到国际课程最大的特点就是灵活，这种开放性的教育环境或许更适合我的女儿。抱着试一试的心态，中考结束的第二天我就带她来上海光华剑桥考察。果然，原本就有留学梦的女儿对我说："妈妈，我想去上海，我想读国际班，我对自己有信心。"

刚进光华剑桥的时候，赵洁的成绩只能算是一般。但是此时她已经有了出国的决心，对自己也提出了很高的要求。坦白地说，刚开始的时候，赵洁在学习方面还是比较累的。我一直对她说，学习要保持平常心，放松心态去做就好。不论是课堂学习、测试还是考试，每一件都认真做了，就会有好的结果。平时课堂上的东西都弄懂了，考试安心去考就是了。我们的确在意结果，但我们更知道如果一味在孩子面前强调结果的重要性，最后的结果往往不会太好。再者，我们也知道赵洁本来就是个定了目标就会付出实际行动的认真的孩子。因此，作为父母，我们更愿意向孩子强调过程的重要性。

在和赵洁平时的沟通中，我们发现学校的老师们非常关爱学生，学生和老师的互动非常好。赵洁的英语不是特别好，但是国际课程多是全英语教学，因此，为了提升英文表达能力，赵洁总会在课前课后和外教、中教交流。同时，她也会在课后钻研老师上课讲的每个知识点，问题也比其他同学多很多。光华的老师来自海外名校，不仅学术能力很好，而且回答同学问题时也极有耐心。因此在光华三年，赵洁经常和我们说，老师和她的关系更像是朋友，有问题去办公室找他们时，他们都会热心解答。我觉得这一点也是她学习上进步的一个重要原因。在英语学科上，赵洁学习的方法还是最传统的那种：多看书，多提问交流。国际课程的双语环境也为赵洁提高英语能力提供了便利，学生还可以去办公室看英文报纸。

光华剑桥实施的是一种开放的管理模式，让孩子们在一个大平台里做更多自己想做的事。作为家长面对选择，我们都更愿意让孩子先自己思考，然后做出选择。如果她的选择在我们可接受的范围内，则我们都支持她，这也在很大程度上提高了孩子的独立性。一个人在上海的日子，赵洁能够把自己的生活安排得很好，倒是没让我们父母多操心。毕竟是个女孩子，放她一个人在外面，我最担心的还是她的安全问题，为此我们特意去学校考察过，发现学校的管理和环境都让我们非常放心。宿管阿姨和他们一起生活，可以随时给孩子们提供帮助，每天早上也都能看到雷冬冬校长亲自在校门口迎接学生，学校老师认真负责的态度让我们做家长的很感动、很放心。

国际课程是教育的另一种选择，我们做出这样的选择，最初并不觉得出国是最重要的，重要的是在这样的学习氛围中，我的女儿能够有收获、有成长。我个人很赞同雷博士的话，"有很多事情需要孩子们去亲身经历一番，在不同的地方成长会有不同的结果。国际教育或许是一段特殊的体验，也是孩子出国的桥梁"。

赵洁能够考出好的成绩，我们也在这三年里看到了她为自己的目标而努力，以及她收获的在学习上的自信心。她经常和我说："妈妈，在这里，我付出的努力总是会有回报的，即使不是在明天的测验中，也会在将来某一天得到证明。"我相信，这也是让她在高中三年默默努力的最大动力。但是申请学校还需要考虑一些其他的因素，在收集信息这一方面我们显然没有学校专业，不得不说学校和老师付出了很多。学校升学指导办的每位老师都尽心尽力地研究海外大学，努力帮孩子寻找最匹配他们的学校。这样，学生才能安心地做好她的"本职工作",我们也省了很多事情。而且因为在这三年里,学生和老师都在一起生活,老师更了解赵洁的优势和特长,所以也能更好地为她推荐适合的学校。正是这种"术业有专攻"的分工和协作的教育理念,让我们觉得光华剑桥是一所在软件和硬件方面都让我们家长放心的学校,也让我敢推荐外甥女来这里学习。

女儿最后收到了包括帝国理工学院在内的多所名校的录取通知,作为妈妈,有这样的结果我真的特别满意。帝国理工学院一直是我非常向往的学校,但能考上香港大学是赵洁从小的梦想。最后我和她爸爸尊重她的选择,她入读了中西兼容的香港大学。令我们高兴的是她到那边之后,只用了非常短的时间就适应了中国香港的生活,前不久的期中考成绩也让我们非常满意。她常常和我说:"妈妈,这里的学习氛围非常好,就像当初在光华上高中一样自由、开放,在这里一定会有继续美好的四年。"

学生说

在光华是否真正实现了"做最好的自己"?作为局内人,最有发言权的当属光华学子们。

在我们校友访谈系列中,数十位毕业生分享了他们在光华的青春故事,以下八位同学在择校和个人发展方面算得上是典型代表。

郭昱辰(牛津大学物理专业)

让牛津大学为选择了我而自豪。

我是在高二的时候萌生出国的想法。我把这个想法和妈妈说了之后,她为了让我去一所好的学校,查阅了所有能够找到的资料。一一对比后,我选择了光华剑桥。

其实国际课程和国内课程还是很不一样的。因为我一直和原来的同学保持着紧密的联系,时不时还会切磋几下,所以感触特别深刻。比如化学,一开始我以为经过两年的高中学习，我已经差不多掌握了化学学科的基本内容。但事实是，光华剑桥的化学涉猎非常广，很多知识我并没触及。我特地把这些知识发给还在原来学校的同学，我记得他们拿了一本大学的化学书，告诉我不少内容是那里面的。

这一路走来，我最想感谢同学和教师。刚来到光华剑桥，彼此间还不认识，又因为我是走读，与同学相处的时间更短，但大家从没排斥过我。从陌生到熟悉，从腼腆到互助，与大家相处的每一个细节都值得回忆。至于教师，他们真的比学生还努力，倾囊相授，毫无保留。记得考剑桥国际的 AS 考试时，他们放弃了休息，加班给我们补课。应该说，没有教师的指导就没有我的现在。

在未来，我会在牛津大学继续努力，我希望用我豁达开朗、积极向上的性格感染和帮助更多的人，让牛津大学为选择了我而自豪。

张康宁（牛津大学数学与统计专业）

光华给了我冲击牛津大学的动力和能力。

清楚地记得，那是 2013 年的 5 月，父亲带着我去参加光华剑桥的招生说明会。当时我父亲对雷博士的很多想法十分认同，于是就让我参加了面试，后来我也很顺利地来到了光华剑桥。如果说父母的安排让我有了进入牛津大学的可能，那么，到了光华剑桥之后，则是教师与同学以及这里的学习氛围让我有了冲刺牛津大学的动力和能力。

其实刚来时，我的父母还是挺担心的，因为不知道国际学校到底是怎样的，不知道这里的教师教学水平如何，也害怕我一下子适应不了这里全英文的教学模式。而后来的一切证明了他们的担心是多余的。这里的同学并没有原先想象中那样的"散漫"，大家都非常认真地在为自己的未来做着规划；这里的教师也像学生的朋友一般，没有传说中"保姆式的管教"，正是因为这样，我们更加自觉了。我在一周内就渐渐适应了全英文的授课方式，因为外教们会刻意放缓语速以保证我们能听清听懂。有什么问题我们随时可以提问，与教师们交流频繁了，听说自然而然就少了很多障碍。

记得 2015 年元旦，我回了家乡一趟。回到原来的高中，看到课桌上成堆成排的书卷，我觉得既熟悉又陌生。如果没有学习国际课程，牛津大学对于我真就是个遥不可及的梦。对于那样的我，最好的自己或许就是考上国内一本吧，然后……我没敢去想太多，只愿更多的梦不再遥远。

许之达（卡耐基梅隆大学文科荣誉课程）

> 在这里我可以开始真正地去做一些事情。

对我而言，国际学校和国际课程不仅仅是为出国架设的一座桥梁，更是一种全人教育。在光华剑桥，没有人会逼着你学习，更不会有所谓的考试排名，学生经常需要去衡量自己现阶段处于一个什么样的水平，是否应该更加努力，还是保持平衡。这就要求每个人都学会主动。要实现个人的成长，只有主动做事这一条路。

光华剑桥的一大特点就是课外活动占比多。在这里，我参加了学校第一大社团——辩论社，随着大家"南征北战"，得到了不少荣誉。我还自发组队参加了 EtonX 现代领导力课程。当时课程要求每个小组出一份商业计划书，我们小组草拟的是"光华剑桥图书馆"项目。课程完结后，我们带着项目计划书找到雷博士，在雷博士的支持下，我们在学校的公众号和年级大会上宣讲图书馆项目，招募并组建了 8 人光华剑桥图书馆项目初创团队，分别列出购书名单，对书籍进行编号分类，建立起借书、还书的制度，安排团队轮岗值班……过程烦琐而忙碌，但我们动力十足。这个小型图书馆被安排在学校的一间空教室，开放时间定在中午午休和下午自习课期间，经过一个月的筹备和试运营，开始正式对外运营。

起初，图书馆书籍都由学校采买，但我发现，渐渐地同学们和教师们也开始将自己的课外书捐出，捐过来的书足足两大箱。阅读本身太重要了，而我们提供的这个休闲放松的选项，比现有的打游戏、聊天等所有选项都好，能够帮助到大家，我很有成就感，大家的行动也让我很感动。

方逸尘（伦敦政治经济学院数学与经济专业）

这里没有人要我矫正左撇子。

没进光华剑桥前，我的人生轨迹应该是和大多数上海学生一样。要说有什么特别的地方，我是个左撇子。到现在为止，我还一直用左手写字。要说光华剑桥与其他学校有什么不同，或许这里教师对待我左撇子的态度就能说明一些问题——在高中前，几乎所有教师都曾"劝说"我换右手写字。光华剑桥的教师从来没有说过。真心感觉，在光华剑桥我只需要做好我自己就够了。

在以前我是个比较闷、话比较少的人，对待上课发言总有种抗拒的心态。但在光华，第一个学期我就渐渐活跃了起来，我甚至还参加了对英语口语要求较高的辩论社。在后来的首届光华剑桥杯英语辩论赛中，我与同学搭档获得了冠军。随后我还和辩论社的同学一起到北京、杭州参加更高级别的赛事，其间收获颇丰。而以前的我，除了准备奥赛，就是在奥赛的现场，根本没时间去参加各种社团活动。

在光华剑桥，因为课程体系的设置不同，我感觉自己的知识面更广了。以前只关注理科学习的我，在 Pre 年级还选修了历史，并从中发现了自己对历史的喜爱。虽然考虑到未来的职业规划，我最终还是选择了与现实生活更为相关的经济学，但到现在为止，一有时间我还是会看看历史方面的书，我会因此感到小小的满足。

我要谢谢光华剑桥，是你让我遇见了更好的自己。

陆窈（伦敦政治经济学院会计与金融专业）

我没有冲"牛剑"。

从小受爸妈影响，他们关于经济金融等方面的谈话早早地在我脑海里留下烙印。于是，我申报大学的专业目标也就定在了会计、金融方向。经过了解，我发现牛津大学和剑桥大学在这方面没有优势，而这却是伦敦政治经济学院的强势学科，因此就希望把伦敦政治经济学院作为首选。

其实我在申报大学前，数学、物理、化学、经济四门课程的剑桥国际考试成绩都在 90 分以上。行话说，这个成绩是可以冲"牛剑"的，一般来说，学校也希望成绩优异的学生申报这两所名声极响的大学，毕竟一旦录取，对学校声誉是有好处的。不过，与校长雷冬冬博士交流后，我的想法竟得到她的支持。雷博士说相比声誉，光华剑桥更尊重学生自己的选择，希望学生能够去自己最喜欢的学校，这一点让我很感动。

对我来说，光华剑桥也让我获得了成长的空间。在光华就读期间，我参加了学校组织的为期 10 天的花旗银行实习，收获很大。实习时，我每天都要像正式员工一样阅读简报，了解时事新闻，听导师讲解石油价格，跟着上街参与推销……这些实际接触和操作让我了解了银行的运作程序，明白了金融上的概念和术语，也坚定了我的大学专业选择。

陈俊宇（波士顿大学经济专业）

我曾经抵触进国际学校。

我曾在一所市重点初中读书，初三时，我脑子里想的全是如何考好中考，而这时，妈妈却对我的前途另有打算。她试图说服我放弃中考，进国际学校上高中，将来申请国外大学。当时我有些抵触，因为我只想和大多数同学一样，按常规路子中考、上高中，不愿意被妈妈"折腾"，更不喜欢一个人到离家远的地方去读书。

最后我之所以同意，主要原因还是我在初中读书并不顺心。我是一个偏科很厉害的人，语文和英语成绩好，初二时参加上海市中学生作文比赛还获得过二等奖。但提到数学和物理，便瞬间没了自信。

在光华，理科学习没有那么大的压迫感，学校里开设的 A Level 文科课程，即使有几门课选读的学生很少，甚至几乎是一对一地教学，比如英语文学，学校仍会坚持开课，不放弃任何一个学生。我到高二时，索性放弃理科课程，选择了全文科，包括历史、经济和英语文学，这是我自己考虑后所做的决定。对此，妈妈说："完全听你的。"

英语文学对中国学生来说是一门很难考的课程，其中有戏剧赏析、古英语诗歌，理解难度非常高。原来有3个同学选学，后来1个同学放弃了，只剩2个。虽然只有2名学生，但学校仍然配置了两位教师，一位是澳大利亚人，一位是英国人，都有文学学位。他们对学生的态度好，教学能力也很强，备课很认真。遇到一对一上课，我们会在休息室面对面坐下。在这种聊天对话式的轻松气氛中，我收获了很多。

在光华剑桥的日子里，妈妈觉得我更自信了，口才也变好了。她还曾调侃我说："瞧你，当初还那么抵触去国际学校呢！"

许奕鸣（瑞士酒店管理大学国际酒店管理专业）

> 我在光华成长为教师眼中"看得见"的学生。

我原本没有考虑过出国留学的事情，因为担心这会给家里增加很重的经济负担。适时，我父亲一位朋友的孩子正在光华剑桥读书，我就慕名而来。

来到光华剑桥后，我成长了很多。首先是摆脱了初中被动读书的状态。在光华，不懂的问题需要自己主动去问教师。我喜欢找外籍教师解答问题，外籍教师也都很随和，看到学生来找他们都很开心。高一时，历史课是必修课。刚开始时我的英语水平很一般，请教来自美国的外教对我来说也是一种挑战。但由于沟通过程比较融洽，所以即使外教的答案听不太明白，我还是会笑着回答与感谢。经过两个月的磨合，我和外教也能自如对话了。

从我小时候起，我的奶奶就教导我做好事会有好报，所以对于需要帮助的同学我都会很卖力地给予帮助。做作业时，有同学问我问题，我会立即停下笔回答。校外一对一的补课都比较贵，我就参加学校组织的志愿者辅导计划，免费辅导学弟学妹。事实上，惠人达己，为同学补课的事情对我自身帮助很大。时间久了，某些重点内容在经济书上的第几页第几段我都能背下来了。

第八章 | 做最好的自己

申报大学时,权衡再三,我最终选择了在同学中被认为冷门的酒店管理专业。高三刚开学,很多同学还没有申请学校,瑞士酒店管理大学就给我发来了预录取通知,于是,我成为整个年级第一个拿到录取通知的人。

因为决定学习酒店管理,我平时对学校的一些管理也会做思考。同学如果有意见,我会站在管理者的立场想想这样做是否有道理,是否还有其他的办法。这样的思考,使我对学校的管理多了一份理解与认同,也拉近了我与教师的距离。记得去宁夏支教时,我和副校长同住一室,也没有一点局促感。

来光华剑桥后,我变得更喜欢英语。空闲时我会读读泰戈尔的诗,享受那唯美的词句。我平时还喜欢听古典音乐和交响乐,自己也会弹弹钢琴……总而言之,在光华的那两年,是我过得最开心的时候。

第九章

让美充满校园

2022年暑期，光华启迪在青浦的新校区第一次开放日，有一名学生在个人自媒体账号发布了新校区校园建筑的探校短视频，意外获得了百万的点赞，引来众多围观和想要打卡的家长。一时间，该新校区人潮如织，聚集着学生家长和其他慕名而来的访客。坐落在淀山湖畔的校园藏不住了。

这次"爆红"带有偶然因素，却也是我们对校园建设长期探索的必然结果。我们努力在校园中营造出更美、更有创造力的场景，赋予师生更多的情感意义。

"网红"校园背后

探秘度假村里的个性化校园

这是一个坐落在淀山湖畔的校园，一个女孩对招生老师这样感慨："老师，小时候我爸妈带我来这里喂过鱼！"该校区前身是一个森林度假村。"林间松韵，石上泉声，静里听来，识天地自然鸣佩；草际烟光，水心云影，闲中观去，见乾坤最上文章。"《莱根谭》的这段文字是对新校区最好的形容。每一位到访者都会被这个"湖畔森林花园式学校"的景色所感染，"走在校园里，再烦躁的心绪也能被抚平"是不少师生的共同感受。

某探校学生发布的抖音视频截图

湖畔花园式学校

与森林为友、以星空寄梦、不被传统学校定义的新校区拥有了与其理念相匹配的个性化校园。

　　"感官花园"是校园西南角最为"治愈"的一片秘密基地。在校园的东南角，则有一处师生皆喜的热闹场地——"燃烧的赛场"。赛道曾是度假村里闲置多时的卡丁车赛道，经过设计团队的一番改造，成了校园里的多元

青浦校区"感官花园"

青浦校区"燃烧的赛场"

运动场所。在这里，老师和同学们可以同时开展篮球、足球、网球、排球、乒乓球以及多种田径运动。结合度假村原有的码头，皮划艇、桨板等，这些特别的水上运动也成为淀山湖校区师生们的特色体验课程。

除了这一西一东、一静一动的校园功能性场景的设计，设计团队还在合理利用原有场地的基础上，开辟了森林剧场、星空派对等多个主题的校园特色空间，使老师与同学能够从传统的学习空间过渡到自由、和谐、亲切的多元校园氛围。

从桥上的教学楼到不断生长的森林学校

青浦校园的建设只是小试牛刀，我们真正脱胎换骨似地改造一个老式校园，始于盐城外国语学校。

盐城外国语学校面积很大，占地220亩，原是一个非常传统和老旧的校园，我们接手后，下决心打造一个全新的校园。既要在原有校舍上扩建，不影响正常教学和办公，又要打造出现代化校园的面貌，是光华接手后面临的棘手问题。

盐城外国语学校鸟瞰效果图

桥上的教学楼

夕阳下的校园一景

第九章 | 让美充满校园

2016年到2019年，盐城外国语学校除了修缮了老旧的宿舍楼、行政楼局部空间外，还在学校天然的河流景观上架起了一座极具现代风格的创新中心大楼。这原是校园规划中的难点，但我们用廊桥等巧妙形式，把新建的大楼和河流景观融为一体。夕阳下的粼粼波光，映着河岸两侧的"金柳"，我们的设计团队笑称这是盐城的"康桥"。

有一次我参访学校，一队学生从吊桥上经过，看到河里悠然游过的大白鹅，有好几个学生不禁开始大声背诵"鹅鹅鹅，曲项向天歌……"那一刻每个人的脸上都泛起笑容。这个由孩子、流水、房屋共同组成的场景，没有经过任何排练，也不需要过多文字修饰，它如此自然、如此美好、如此有生命力。

我们的设计灵感不断迸发。先是在校园里打造了一个高尔夫练习场，有临河而建的咖啡屋和世界之窗等建筑小品，随着办学规模的不断扩大，更多的户外公共交流空间和教学空间的设计规划被提上日程。

2022年秋季，对原教学楼改建工程完成，我们在教学楼之间架设了一个高线（highline），盐城外国语学校"森林学校"建成了，与校内已建成的创新中心遥相呼应，成为孩子们课后活动和社交的空间。一时间，盐城外国语学校成为老校区改造的代表作。

提到大自然，绿色是最为直观的表达，也是光华校园设计的六大原则之一。我们对校园绿色的理解包括两层含义，一是学校应该有足够多且美的绿化，二是学校的建设（包括硬件建设与文化建设）应是可持续的。

除了立体景观设计，多种植物在不同时节绽放自己的光彩，为师生们提供视觉、嗅觉、味觉上的丰富体验。"四时之景不同，而乐亦无穷也。"漫步在森林学校，师生或访客都可以感受人与自然的深度连接。

我们希望孩子们能在自然中汲取力量，收获由内而外的成长。目前我们正在推进盐城外国语学校三期工程建设，未来还会带来更多惊喜，让孩子们与森林校园共同成长。

打造理想新空间

光华天津：北辰之星冉冉升起

让老校区旧貌换新颜，犹如下棋，格局既定就得步步谨慎；而新校区的建设是从零开始，面对一张白纸，我们有更多挥墨设计的空间。

天津校区校园鸟瞰图

天津校区创新中心

天津校区对于光华来说有着特殊的意义，它是我们第一所从地块概念阶段开始着手设计的学校。步入校园，砖红色的建筑外立面和铜色的屋顶材料映入眼帘，深沉的楼宇仿佛诉说着这座城市悠久的文脉；而进入楼内，多彩的室内装饰又呼应了绚丽张扬的少年时光。

有一次我到天津校区正好是课间，一群孩子一边高声喊"老师好"，一边从我们面前跑跑闹闹去操场。我很高兴看到孩子们活泼自然的一面，校园是他们快乐的家园。传统教育要求学生要"三点一线"（教学楼—宿舍—食堂），而我们更希望师生的脚步开放些、自由些，让读书声和欢笑声充满整个校园。

在校园规划上，我们突出建筑的连接，主要的教学楼、生活区和公共空间互相呼应，同时，我们打造了大量开放的、个性化的交流空间，为学生提供无处不在的学习场景和交互式学习体验。我们鼓励孩子们走出教室，探索以创新中心公共大厅为主的活动空间，在教室走廊、公共广场、校友之家等各类场景进行观察、学习、表达和创造，激发学习的乐趣。

在天津校区筹备校园文化的过程中，我们希望融合城市文化的特征，展现出光华对于城市人文的关注。基于此，设计团队深入剖析了天津校区与光华之间的共同点，最后以"星+"为文化基点，将其提炼为统一的视觉元素，贯穿运用于校园内。每一个学生都如星辰般闪耀，我们希望在北辰校园里汇成梦想的星空。

光华温州：遇见瓯越，遇见未来

瓯江是温州的母亲河，光华温州校区就建在向海而生的瓯江口新区。

我们这所年轻、开放、创新的学校，表达了三个"遇见"主题：江与海的遇见、中式与西式教育的遇见、温州与世界的遇见。江海相汇孕育了温州的历史文化，也成就了这座城市拥抱世界、创新转型的时代格局。在这里，我们希望将当地深厚的文化根基与开阔的全球视野相结合，在校园内推动中西教育融合的实践。

温州校区鸟瞰效果图

富有艺术感的建筑

从最初设计到建设完成,光华参与了最重要的几个过程,让这座面积近6万平方米的校园处处彰显着传统与现代、在地文化与全球视野的融合。我们邀请了英国著名设计公司BM(宝麦蓝)参与主设计,校园建筑的整体构思既简洁又现代,同时强调立面的进深感和韵律感,如同曲水流觞,让美在这座校园的建筑中流动起来。而在落地的过程中,工程团队用现代

"遇见·温州"城市文化展厅

展示传统木工匠艺的巨型作品

新型的材料去表达传统文化符号,力求达到传统文化和现代科技的融合。

室内设计部分除了基于学校日常教学的功能需求进行规划设计外,更为学校后续的文化建设"遇见·温州"预留了空间。主展厅延续"遇见"

城市文化空间的特色，以飘带式的展架为主体，演绎八百里瓯江奔流历程，串联起瓯江源、瓯江潮、瓯江口三个主题。我和校园文化建设团队曾花费一年时间，在丽水、温州两地"寻宝"，把体现瓯越文化的非遗工艺品、人文著作搬到我们的"飘带"上，让师生近距离感受历史文化的传承与创新，发现、学习、认知艺术，将对美的追求内化为生活中的一部分。

同时，这一展厅还记录了学校从无到有的建设过程，譬如建设者在工地的辛勤劳动瞬间、施工人员使用过的工具、工地里铲出来的泥土等都化为珍贵的实物与照片，成为学校发展历史中不可抹去的一部分。

现在，我们首批入学的小学生们已经担当起展厅讲解员的职责，用稚嫩的声音讲述着温州光华的故事。我们也期待更多学者、艺术家、师生和公众在此分享新知与感悟，遇见温州、遇见世界、遇见更好的自己。

设计无极限

光华对校园的设计简直入了迷，我们投入了大量的资金与人力。除了规划设计、施工交付等，也通过创办科技公司、开发技术软件的方式协助设计师，让光华校园焕发更多的生机与魅力，提升校园整体运营效率。

在光华校园发现美

校园的改建，与我们对美育的理解紧密相关。

首先，校园是文明网络中的一个单元，它属于一座城市，更属于一个有着共同理想与价值观的群体。校园中的各种表达要能承载这些文明的碎片与记忆，所以它具有传承的属性。"时光博物馆"就是我们的表达方式之一，我们为每一所学校都建造这样一座精神堡垒，连接着城市、学校与个体。迈入时光长廊，孩子们可以了解一座城市的精神风貌、一所学校的成长历程，也可以看到自己成长过程中的点点滴滴。譬如在温州的校园中，我们有乡亲捐赠的非遗作品；在盐城的校园中，我们有丹顶鹤的展区……这些表达元素既能反映一座城市的风土人情，其本身也是历史与人文教育的一部分。

其次，校园的各个空间要重视实用性与美观性的统一，既可以执行教育教学的职能，也可以让人驻足享受学习的过程，并在此抒发情感，追求真善美。鉴于校园空间也有表达的属性，我们对每一座校园的设计都不遗余力。我们有两支团队全程参与校园的设计，一支是建设设计团队，他们负责权衡建筑与空间美学原则、学校教学团队的教学功能需求、建设方对工程质量与造价的控制管理等，并进行多方面的协调；另一支是文化设计团队，他们负责对教学理念与价值观的践行，在学校建设和经营过程中不断收集、加工上文提到的各种类型的历史文化材料，结合学校的教学组织与第二课堂活动，与建设团队配合，利用学校的各个空间进行合理表达。

实话说，我们这种做法在最开始便遭到来自学校与建设方的各种质疑，因为从某种程度而言这确实增加了设计与施工成本，既包括资金投入，也包括时间花费，并且使各方的沟通变得复杂。特别是我们对空间的理解往往与一些传统学校的办学者（其中也包括我们从公办体系内引进的部分校长）存在差别。有时候，品质也意味着时间的耗费，比如，我们的天津校园，从策划到竣工，整整用了 6 年时间，相比部分地方当年设计当年竣工的建设速度来说，光华肯定是一个另类。

光华深知环境对一个孩子的重要性。我们努力以人文、艺术、科技、创新、活力、绿色为原则，打造创新校园，并为其植入经过合理教学规划以及针对每所学校特征量身定制的第二课堂课程、校园文化活动以及开放的社区互动，实现对教育美学的追求，让身处在光华校园的每一个人都能发现和探索不同的风景。

在光华校园探索创新

学校是由适合学习的空间所构成的环境，光华希望通过校园不同空间的构造让学习、工作和生活在此的师生重新认识好奇心、创造力与交流沟通的重要性，并提供给他们足够的空间与时间去培养他们的兴趣、满足他们的好奇心。

在欧美，大量的学生活动与教学、自学的空间是共享的，我们在设计中提出了"Anyone，Anytime，Anywhere"（自由组合、自由时间、自由空间）的概念，即学校的大部分区域没有明显的边界概念，这有助于不同年龄、学科的学生进行跨年级、跨学科的交流合作，鼓励他们"做中学"。

而中国传统学校往往有明确的分区概念，教室就是教室，宿舍就是宿舍，相当一部分人也认为学校就是读书的地方，有限的空间不如多建一些教室与实验室。但我们在一片质疑声中坚持下来了。结果是，当我们按照新的思路完成了几处校园的建设与改造后，大家惊讶地发现：原来校园可以是这样的！这些看似"不务正业"的创意，其实是学习热情与工作效率的催化剂，更为学校在教学理念与价值观上赢得更多的尊重。

光华的食堂在业内也小有名气，它们打破了纯功能导向的桎梏，从环境审美、饮食文化、师生社交等角度再造就餐空间。我们以天津校园的食堂空间设计为基础，经过温州瓯江口校园、上海浦东校园的打磨，一步步探索创新。上海浦东校园慕光食堂升级后，以绿色为主色调，以木质桌椅配合柔和灯光，营造出自然、温馨、轻松的氛围。在这里，师生不仅能享受世界多地美食，也能举办社交活动，食堂的"另一面"逐渐被发掘。

此外，我认为校园要与社会深度融合，对象包括科研机构、社会组织、创新型企业以及优秀的个体。从管理安全的角度来说，校园或许需要围墙。但从文化包容交流以及多样性人才培养的角度来说，校园一定要打破封闭，因此它有"交融"的属性。现在很多大学比较开放，鼓励教师与学生走出去交流学术或者创新创业，但中小学的开放似乎还远远不够。这一方面是源于政策的制约，另一方面则是单个学校的资源还不足以"海纳百川"。因此，我们在设计校园时，从一开始便考虑了校园与社会的衔接。我们希望有一片"不设围墙"的区域，从政策上允许学校内外进行充分互动，这便是"未来学习中心"与传统学校在现阶段的结合点。

学校不仅是传道授业的场所，它还应该是一座象牙塔，孕育着学子对未来的美好梦想；还应该是一所博物馆，记录着城市对教育事业的炽热情感；更应该是一个综合体，承载着社区融合与创新的职能。

第十章

光华校友会

自 2011 年第一届共 11 名学生毕业起,光华校友已数以万计,遍布海内外。校友们因为留学梦想而相聚在光华,也因追求更远大的理想飞赴世界各地。不管飞向何方,光华校友会这个组织始终是光华学生梦想起航的地方,是他们努力奋斗的有力见证,是他们挥洒才情的精神家园。

莫愁前路无知己

每年毕业季,新一批光华学子奔赴世界各地,继续向他们的梦想前进,但留学海外的日子比预想中的要艰苦很多。跨出校门、走出国门,这些 18 岁上下的少年们开启了自己对未知之路的探索。

人们常说毕业就是"散作满天星",可是我们欣喜地发现光华毕业生们自发形成了一簇簇星群,在成长的孤单道路上照亮彼此。

我们首届毕业生第一次假期回国,就忍不住"吐槽"这一年在异国的求学生活。他们没有前辈在前探路,只能在陌生国度摸着石头过河,孤独和无助感犹如家常便饭。但好在还有光华的同伴可以不定时小聚,共同的光华记忆、相似的人生境遇化为讲不完的话题,让他们的光华校友情在他乡延续。

这批首届毕业生,就像光华大家庭中的长兄、长姐,拉着学弟学妹的手,走过了绚烂的校园岁月,也走向了海外广阔的天地。在光华,还是高二年级的他们,就以沙龙形式与新生交流学习经验,临近毕业也不忘给下一届传授申请和面试经验。在海外,他们也自发做起了光华校友联络员,为踏上异乡的年轻人搭把手。

2014年4月,我和时任光华控江校区留学指导中心主任肖老师从上海飞往英国伦敦,在泰晤士河畔第一次参与光华校友会的海外活动。

刚见到这群孩子时,我感慨在异乡由"光华人"身份带来的那种天然的亲近感与认同感。他们热情地向我介绍当地历史人文和校园趣事,和我像朋友一样无话不谈。这次校友会活动由集团提供了部分经费支持,其他流程和策划都由在英国的校友利用课余时间组织。作为活动参与者,我观察到了他们的自信与细致,也意识到他们已经可以成为校友活动独立的组织者。他们眼神里的笃定和对未来的憧憬让我感到欣慰。

每一位光华校友都是光华精神的重要凝聚者和传承者,身处不同人生阶段的光华学子也需要一个纽带进行经验交流和持续学习。除了在校生,毕业后的光华校友也希望以各种形式与学校和集团保持联系,因此,连接校友、终身学习和创新发展成为我们创办校友会的出发点。

2017年,在集团创办九周年之际,海内外光华校友在上海杨浦区五角场相聚,庆祝光华校友总会的成立。在活动现场,我欣喜地看到之前参加海外校友会活动时所遇到的几个学生,他们均已学成回国,在各自的领域中日益精进,取得了让人骄傲的成绩。

从2011年仅有11名毕业生,到如今注册校友超过2 000人,光华人的队伍在不断发展壮大,历经十余年的发展,在全球各地建立了校友分会。在国外,英国、加拿大、美国、新加坡校友分会陆续建立;在国内,上海、浙江和广东等地分会也相继成立……在各个分会中,校友们自发组织学习、公益、聚会等活动。当海外求学的学子,通过光华校友会的平台以光华人的身份相聚时,那种情感是难以用言语表达的。

在过去的15年里,光华校友们或已经在金融、咨询、互联网、艺术、教育等诸多行业中成为职场精英,或已经在创新的领域中砥砺深耕,开辟

第十章 | 光华校友会

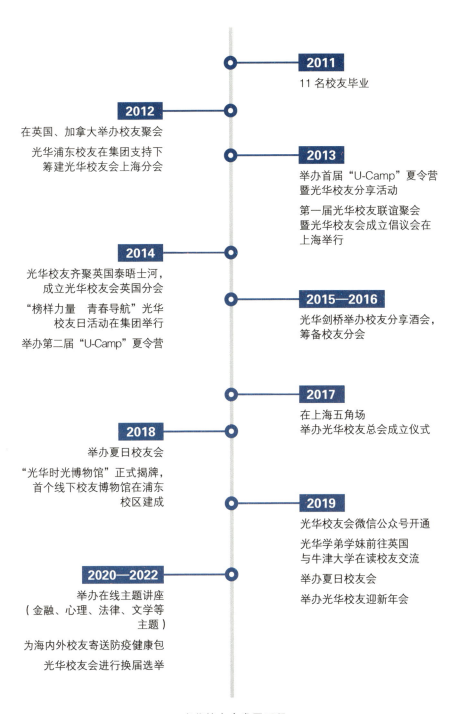

光华校友会发展历程

了一片新天地。不论前路有多遥远，光华校友会始终站在这里，给予守望、陪伴，助力光华青年跨越山海、梦想远航。

正是与光华校友们在一起的无数个瞬间，让我收获了无数次的感动，看到了青年人的无限潜力，也更坚定了帮助更多中国青年实现梦想的信念。

大国小使者

成为有担当的世界公民

光华学生在校时敢于提出自己的见解甚至质疑教师的答案，这种轻松的课堂氛围也提前培养了他们过硬的英语能力和批判性思维，帮助他们在外国人面前勇敢地表达自己的观点，让世界听到当代中国学生的声音。光华的海外校友们正用自己的行动，担当起为中国发声的责任，成长为一位位优秀的"大国小使者"。

在牛津大学就读的翁雨晴是光华校友会的老面孔了，她在人文社科领域的学术探索与社会实践足以称得上是光华学子的榜样。"进了牛津大学说明我可以更好地提升自己，而不是已经很优秀了。"2018年，翁雨晴的这段采访视频被《人民日报》新媒体点赞，引起了广泛关注。在海外读书期间，她步履不停，用她自己的话说就是："如果想做什么改善这个世界的事情的话，就应该先把它看清楚。"

大一期间，翁雨晴就加入了关注泛人文领域的牛津中国论坛（Oxford China Forum, OCF），与来自英国各地的中外学生们一起，对话中国领域的学者，对变化中的中国进行深度探讨。一年后，她成为论坛轮值副主席，分管运营和市场板块，与同为光华校友的唐晨策划了跨学科科普论坛，并陆续举办了电影、文娱、文学艺术等板块的分论坛。

在全球疫情期间，已经成为主席团成员的翁雨晴参与策划，将当年的以"今日青年，明日世界"为主题的牛津中国论坛转为线上。她除了承担前期策划内容、邀请嘉宾的工作外，还针对当时的热点话题，特别策划了"内卷"分论坛，邀请到人类学家项飙、经济学家管清友等学界大咖出席。她还积极促成此次论坛与抖音等短视频平台合作，最终得到了跨平台播放量 118 万的好成绩。

长期以来，中国留学生遭受着不公正的海外舆论影响，疫情期间更是如此。作为光华青年，翁雨晴特别关注中国留学生群体的责任与使命："我个人无法代表全部的中国青年群体，但作为广大留学生群体的一分子，我认为我们在国外应该不卑不亢，保持平和的心态去和外国人对话，理解他们，同时让他们理解中国。在国内，我们更应该包容一些国人对我们产生的偏激意见，用行动化解矛盾。"

文化自信，多元传播

2017 年的春节，一年一度的牛津春晚如期而至，这是牛津地区规模最大的华人活动，不仅有本地华人和留学生参与，牛津郡市长、中国大使馆领事也会出席。在挂满大红灯笼的牛津春晚现场，一位穿着旗袍的中国小姑娘在近千名嘉宾中穿梭来往，脚步没停下来过。她就是当时在牛津大学中国学联担任市场总监的陈雨琪，也是光华剑桥的优秀毕业生。在牛津化学系，"陈氏"菜系颇受各国的伙伴们欢迎，在以粤菜、川菜为主要中餐的英国，陈雨琪用变着花样的中式美食为中餐正名。这位自称"吃货"的牛津学霸不仅在化学专业上贯彻自己对食物的热爱，还在课业之余和同学们一起烹饪，通过色香味直观地传递中华美食文化。

同在牛津大学就读的校友祝孚嘉曾是光华学子口中的"学神"，她不但获得过 A Level 物理中国区第一的傲人成绩，还曾是学校作曲社的社长，在光华留下了一首首动人的歌曲。这位文理双全的姑娘在牛津大学就读期间，在巨大的学习压力下仍然保持着对兴趣爱好的探索。祝孚嘉自己翻看电影剧本和电影学资料，导演了一部经典的中国话剧《雷雨》。在担任《雷雨》导演期间，她每天和分散在不同学院的中国学生一起排练。经过两个月的精心准备，《雷雨》在牛津大学成功地举办两次公开演出，并计划到伦敦政治经济学院和华威大学等英国高校巡演。

让更多外国人了解中国，架起中西文化沟通的桥梁，陈雨琪、祝孚嘉两位牛津学子就是光华校友中的榜样，她们不仅在专业上练就了过硬的本领，而且在生活中洋溢着文化自信和青春力量。一批批光华校友奔赴更广阔的世界，我们期待他们不要变成埋头做实验的"海外学术打工仔"，而是成为仰起头和外国学者平等对话的青年人才，成为拥有民族历史底蕴和多元思考的"文化代言人"。

光华 2019 届校友郭乐涵在回顾申请过程时，特别提到她对中国的身份认同和个性化的思考方式打动了文书审核官。郭乐晗申请的是伦敦政治经济学院的 PPE（Philosophy, Politics and Economics）专业，在文书中，她写到一些关于中国问题的看法。"我相信到了大学里，同样需要多元背景的学生。如果学生只有单一的思考方式，就不是伦敦政治经济学院想要的人才。"这位年轻的光华校友希望在大学期间，通过语言与行动让更多外国人真正了解、喜爱中国。

我们也希望，这些从光华走出的"小使者"，能够给中国乃至全世界的发展带来更加美好的未来。

连接校友，成就未来

梦想基金，助梦远航

在光华校友总会成立时，我代表集团向校友基金捐赠了人民币 50 万元，作为校友总会的初始运转基金，用于支持开展多方面的活动。同时，我们还在校友的组织下设立梦想基金，为具有创意和社会价值的校友项目提供咨询、资金、技术和平台支持。迄今为止，校友梦想项目库也涌现了艺术、体育、民俗保护、公益等多样化的成果，其中，吴彬和卢泽平就是两个让梦想项目变为现实的校友。

当年还是高三年级学生的吴彬，就曾表达过自己的梦想——世界上不再有环境污染，于是他将环境工程专业作为目标。随后他和同学创立了 Inspire 公益组织，这个组织后来也成为光华公益基金会的雏形。没有污染的理想不是一朝一夕可以实现的，而吴彬的环保梦想也在其创办公益组织后，渐渐转化为帮助别人完成梦想。

连续两年参加云南支教后，吴彬和其他光华校友创新思路，通过包装义卖云南普洱茶叶和为爱行走公益募捐，为支教所在地的学生募集资金和学习用品。

在义卖的过程中，吴彬还关注到了一位佤族学生——她的学习成绩在班上名列前茅，但是父亲有肝病，需要花钱治疗。吴彬了解该学生实际情况后，在"火堆"网上发起众筹，帮助这位佤族学生筹得3年的高中学费，让她离走出大山、走近理想更进一步。

吴彬毕业后前往美国深造，校友公益的接力棒也传递到渐成规模的光华公益基金会会长沈贝怡手上。2018年光华十周年晚会上，沈贝怡讲述了公益基金会创办以来的故事，呼吁更多教师、同学、家长和社会各界关注支教地区学生的成长与发展。

2016年，光华剑桥校友卢泽平观察到了古典音乐日渐式微的趋势。在与上海华东师范大学第二附属中学、平和双语学校的伙伴们交流后，卢泽平萌发了举办古典音乐会的念头，并得到了光华校友会的支持。"校友会让我们觉得自己做的事情得到了社会认可。未来，我希望把古典音乐会打造成光华的特色项目，让更多人认识到古典音乐之美。"

也确实如卢泽平本人所说的那样，2017年暑期，第二届古典音乐会如约而至。除了参演团队更加壮大外，这次音乐会还增加了公益创新环节——向观众收取有象征意义的9.9元门票，这笔资金被用来支持上海及上海周边的农民工子弟学校的心理辅导。光华校友基金还在此基础上，为每一张售出门票额外配套经费，用于资助云南、四川、江西、安徽等地贫困地区中小学建设图书角与远程心理咨询室。

少年的梦想就如美玉一样纯净、珍贵，我愿意花很多的心力去呵护它、成就它。我也相信在未来，梦想基金将会吸引一大批关心关注教育行业的人一起加入光华的造梦计划。

从光华来，到光华去

15年栽木成林，从光华毕业的"小苗"都成长为最好的自己。我们欣喜地发现毕业生们没有去挤世俗标准所定义的成功的"独木桥",而是按能力和兴趣找到了更广阔的人生发展道路。他们中有些人仍在高校深造、探索学术奥秘;有些人则学成归来,投身创新创业的浪潮中;还有一些人又回到光华,执起教鞭,成为学生喜爱与崇拜的教师。

作为国际课程体系的过来人,这些曾经的光华学子将自己摸索出的行之有效的学习方法传授给学生。掌握学习方法比掌握知识点更重要。当然,根据学生掌握情况的不同也要及时调整自己的教学节奏。对待尖子生会适度加深内容,启发他们思考并有所突破;对于掌握得慢一些的学生,也要尽可能帮他们理清知识结构,用生活场景帮助他们理解。

后来加入光华教师队伍的还有从英属哥伦比亚大学毕业的杨宁炜。2019年9月,她以化学教师这个新身份步入熟悉的校园,回到之前的教师身边。"之前作为学生的时候就很向往从校友变成教师。而事实上,这种感觉也非常奇妙。亲切、有归属感自不用说,更重要的是我觉得自己的经历让我更能走近学生、理解学生。"杨宁炜说。

连接中国青年的未来

2019年的7月,上海的盛夏酷热难耐,光华夏日校友会如期举行。刚回国创业的胡斌斌临时代同学参加,却阴差阳错地成就了第一次全阶段校友的聚会——这里既有在校高中生、大学生,也有正在职场上打拼的创业者。胡斌斌从美国杜兰大学毕业不久,把自己留学期间的宠物带回国,准备在深圳进行宠物自媒体平台创业。这次聚会上,她向大家分享了自己创业的经历,一开始我还担心在校生们对做生意没兴趣,没想到大家听得入了迷。于是,我意识到光华校友会也是一种"第二课堂",让已经是职场精英的校友们讲述自己的经验故事,这样有助于低龄段的学生提前做好职业选择和人生规划。

同年8月份,光华"老三届"校友们在上海长宁举办了主题为"解密互联网的下半场——产业互联网"的分享会。光华2013届校友褚思韵、柯必恒、章子昊忙碌于会务工作,结束后才饶有兴致地说起他们的创业项目

"弘景未来青年交流协会"。他们想通过光华校友会的联络,为计划创业和处于创业初期的校友义务辅导撰写项目商业计划书,并推荐合适的投资人。

我们不得不承认"后浪"的力量,越来越多具有创新思维和创业项目的光华校友聚在一起,以更专业的方式进行深度交流。他们启发了我成立"梦想商学院"项目,通过职业发展、创新训练、创业孵化三大服务模块,为大学生、创业者及职场人士的个人成长和事业成就持续赋能。一方面,梦想商学院邀请了部分光华优秀校友担任"青年小导师"与"成长教练",分享成功求职经验,提供1V1定制求职辅导,帮助更多人完成从学生到职场人的蜕变;另一方面,光华校友也能在梦想商学院与更多同侪精英、行业大咖发生思维碰撞,从而共创灵感。

不论是光华校友会还是梦想商学院,都印证了光华的使命——培养未来精英与青年领袖,成就一代年轻人的梦想。我相信,光华青年们的成长与进步将是对光华理想最好的诠释。

第十一章

擦亮光华的品牌

著名教育家叶圣陶曾说过教育是农业，捧着一颗虔诚的纯洁的心，春耕、秋收、冬藏，静待花开。从一颗热爱的种子到一批批教育的硕果，一个教育品牌的生长需要时间的淬炼，需要一代代人的故事书写和精神传承。

回顾光华品牌的建立，15年只是迈出很小的一步，未来之路漫漫，我们仍在上下求索，从未停止思考教育所承载的使命和价值。

走到聚光灯下

藏不住的"扫地僧"

张爱玲曾说："出名要趁早呀，来得太晚，快乐也不那么痛快。"这句话被很多创业者认同。当代消费者获取信息的渠道太多，"酒香不怕巷子深"的时代早已过去。事实上，如今越是优质的品牌，越重视自己的宣传，全球饮料巨头可口可乐的财报显示，可口可乐从2015年到2019年，平均每年的广告支出维持在40亿美元左右。

显然，光华不是这种"出名趁早"的风格。在相当长的一段时间内，光华都是非常低调的，一方面是我们集团的文化风格使然，另一方面，光华作为一家教育机构，行业也要求品牌战略严谨保守。

当光华在"犄角旮旯"里面办学时，我们没有底气谈品牌。直到我们

第十一章 | 擦亮光华的品牌

第一届毕业生的升学成绩一炮而红，开始有人慕名找到光华，我们才真正意识到自己在做的教育专业可以影响与改变更多学子。还记得有一次复旦大学校友来采访我，我举了一个不是很恰当的比喻，说光华其实一直像一个扫地僧，在事业的起步阶段，我们集团都没有品牌推广费。

即便到了2018年前后，经历了校区合并后的光华剑桥，已经是长三角地区实力雄厚的A Level国际高中，牛津大学、剑桥大学等名牌大学的录取人数位列全国前三，可我们的出名仍然依靠着口碑传播，而不是靠广告推广。

事实上，随着规模的不断扩大，不知不觉中，我们还是走到了聚光灯下。

这种转变在一开始使我们承受了很大的压力，因为我们要更谨小慎微地处理好合规办学的问题，也必须更加重视一些在对外拓展时会遇到的潜在风险。譬如，早年我们开展一个新项目时往往会优先考虑投入和产出的问题，但现在我们关注到每一个场地的安全与合规。这意味着，我们已经开始从政策与地方实际情况出发判断这个项目的延续性。再者，我们对自己的办学质量的要求也更高了。以光华剑桥为例，事实上有很多机会去开分校，许多教育品牌也一直是这么做的——收挂牌费与管理费在业内是一种很常见的做法。但我们几经商榷，都认为"光华剑桥"的金字招牌不能滥用，在有足够实力输出师资与管理之前，必须爱惜自己的羽毛。

市场有时候需要故事，当聚光灯和话筒都对准我们的时候，沉默并不是最优的选择。经过思考，我们认为经过多年的沉淀，我们可以去用一种更像教育者的方式去总结与归纳自己的品牌形象：2018年12月9日晚，我们在复旦大学的相辉堂举办了光华创办十周年的庆典。来自光华所有学校、机构的主要管理团队、师生、家长代表，以及合作单位的伙伴们济济一堂，回望过去，远眺未来。

除了这次主动举办的庆典外，光华还受到更多同行和更多家长、学生的关注。特别是每年招生季，全国各地涌来的生源让我们感受到持续上升的关注度。品牌的曝光度越来越高，我们开始思考战略的创新转型与业务的升级，我相信这是许多企业在发展壮大过程中会遇到的情况。出于内部的发展需要，再加上外界给予的压力与动力，光华的品牌战略将进一步升级。

重建品牌认知，重新定义学校

无论我们的校园文化如何别开生面，我们的教育理念与实践如何独树一帜，我们主要经营的"阵地"在未来很长一段时间里依然是学校。

我们逐步对集团和各校区的视觉形象进行规范与提升，邀请了知名设计师帮我们设计了一整套的企业视觉识别系统。从标识的设计到文创周边，从宣传材料的配色到字体的使用，乃至从学校的建筑选材到景观造型，光华都有明确的规范。这些规范一开始让一部分人不适应，一些教职工认为教好学生是第一要务，我们的一些要求反而让他们感觉吹毛求疵了。可品牌文化正是一种潜移默化的滋养，伴随时间的推移，大家的精气神从外到内都有了很大的提升。

我们比较注重宣传的角度与尺度，一个典型的做法就是我们用比较严谨的出版物替代常规的宣传材料。从2015年起至今，我们几乎每年都有相应的出版计划。比如，我们系统地采访了光华的学生、家长、教师、校长，素材集结成"做最好的自己"系列，交由复旦大学出版社出版。这也是业内第一套以实际参与者口述的方式记录一所民办国际教育机构办学经验的丛书，由于素材真实、鲜活，它几乎成了光华最好的招生材料。之后，我们又相继出版了收录葛剑雄、骆玉明等教授著作的"大国小使者"丛书、与华东师范大学教授合作的"光华启迪·批判性思维译丛"、业内第一本系统研究民办国际学校发展历程与政策环境的《国际学校在中国》等。不同品类的图书，在某种程度上体现了我们从事国际教育的专业性。其中一些出版物还获得了国家出版基金的支持，被列入业内人士的必读书单，为我们的品牌带来诸多增益。

除了正面宣传，我们也重视对品牌形象的保护，并为此设置了"双重保障"。一是开通了投诉渠道，我们集团有稽查部门与公共关系部门分别接受社会对法律与业务层面的投诉，并有专人负责核实与处理。二是我们有信息监督机制。一些所谓的"负面信息"，事实上有助于我们不断反思自身管理细节，比如反映学校在某一方面的管理有时过于严格，或者说某项硬件设施还不够完善等。对于某些针对具体问题的真实评价，我们从不避讳。我们的公关部门会通过技术手段每天收集这些言论，一方面为了"有则改之，无则加勉"，另一方面我们也会通过一些关键信息去提前预判一些事件的发生，比如学生心理健康状态的跟踪与保护。我们认为，未来这将是教育行业大数据技术的着力方向。

光华一直对国内某些超级中学那种"重点大学加工厂"的教育方式不敢苟同。基于这样的认识，我们不做商品连锁超市方式的分校，我们甚至放弃了学校品牌名称和校徽的全国统一。例如我们位于常州钟楼区的学校就把一口古朴的大钟绘在了校徽里，以彰显文脉传承；而在盐城大丰区的学校校徽中则有一对鹿角，呼应麋鹿之城的自然情怀。"橘生淮南则为橘，生于淮北则为枳。"我坚持做教育应当因地制宜，若是把品牌的"高帽子"扣到不同的校区，反而抑制了学校发展的积极性。

作为一个集团化的品牌，创新、国际、个性化是大家认同、坚持而统一的品牌要素。15年来，光华有上千名教职工，培养了近万名学生，大家对光华教育这一品牌的认同感，不是源于校名上的几个字或者文化手册上的几句话，而是在长久的教育生活里，感受到一个创新品牌的生长。

基金会：格物致知，启迪未来

2008年光华学院尚在萌芽之中，我们就组织学生通过支教、众筹援建等方式践行公民责任。至今，光华已在中国境内云南、江西、甘肃、安徽等地，以及尼泊尔、泰国等地有支教点与对口支援单位。除此之外，我们还通过与国际、国内公益组织合作，在上述地区筹建公益图书馆、普通图书馆以及远程教室。光华学生自发成立的"光华公益基金"也经由一届届光华学子的爱心接力,打造了"为爱行走""公益汇演""慈善义卖"等特色品牌活动,也得到了来自集团以及其他社会企业、公益组织的积极响应和支持。①

2018年,在光华创办十周年之际,我正式牵头筹建光华教育发展基金会。基金会的建设和运营于我而言并不陌生,大学教育基金会的运营与管理战略,正是我在复旦大学做博士后研究的课题之一,我也出版了《大学的财富管理——从耶鲁到复旦》,在这本书中我写道:

"大学在中国教育改革中要肩负起责任,大学基金会可起到推波助澜的作用,更能起到作为一个独立监督机构的作用。"②

事实上,基金会对整个教育系统的变革都将起到巨大作用,我也担任了好几个教育基金会的理事,对此深有体悟。"汇八方涓流,襄教育事业",它凝聚着教育的热心、爱心、恒心以及最重要的真心。

但实话实说,在中国创办教育基金会确实不易,我们的审批工作整整用了两年多时间,其中曲折在此不作细表。如今想来,过程中的种种挫折也是对我们公益初心的考验,俗话说好事多磨,为了做"好事","多磨"一点也无妨。在2021年的岁末,"光华教育发展基金会"正式成立了。

光华教育发展基金会三大领域

---

① 更多光华公益行动见本书附录二。
② 鲁育宗.大学的财富管理——从耶鲁到复旦[M].上海:复旦大学出版社,2012:3.

助力慈善事业，推动教育公平，是我们做公益的初心，在此基础上，我认为基金会的长远目标应当指向未来。"格物致知，启迪未来"成为光华教育发展基金会的愿景。光华教育发展基金会聚焦创新教育、公益行动、文化事业三大领域，同时关注扶贫济困，激励青年，支持乡村建设和城市更新，我们通过筹建学人图书馆等非营利性文化机构，让教育创新深入多层次的社会群体中，把不同的公益力量凝聚在一起，一起推进我们对未来社会的积极探索。

我们正在筹备成立"中国教育研究院"（Research Institute of Chinese Education, RICE），作为光华教育发展基金会下属的非营利性研究机构。RICE的含义很好，我们希望提供的是精神食粮。RICE愿与有识之士一同探究中国教育发展的脉络，传播教育耕耘者的声音，为中国教育的创新鼓与呼。

当前，教育不公使得社会阶层进一步板结化，甚至成为时代的包袱。因此，光华教育发展基金会的使命便是与各界有识之士一起负重前行、打破沉疴、推进教育创新。

现在的光华教育发展基金会只是涓涓细流，但我看到源源不断的希望在这里涌动。基金会如同博爱的大海，于阳光的见证下熠熠生辉，我相信在光华下一个15年到来时，我们将看到光华教育发展基金会带来的澎湃力量。

学人图书馆

> 我心里一直暗暗设想，天堂应该是图书馆的模样。
>
> ——博尔赫斯

下一个15年，光华将致力于打造一座面向未来教育的图书馆——学人图书馆，这是一个集收藏、展览、出版、文化探索、精神分享于一体的创新图书馆。我们希望这个开放的平台给予求知者深度学习与文化交流的机会，让有价值的知识得以保存、传承、流动与延伸。

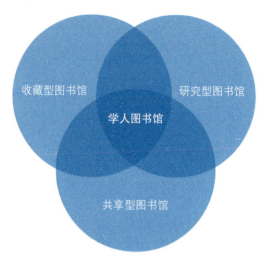

学人图书馆的构想

藏书，不为一家之储

"都元宇宙时代了，还有人去图书馆吗？"

"为什么你要做图书馆这种费力不赚钱的事情？"

这些年来，我每次和别人讲起学人图书馆的设想，总会收到种种"扎心"的问题。的确，走出校园后，我们因为纯粹学习阅读需要走进公共图书馆的次数屈指可数。特别是当智能手机像器官一样与我们的生活关联在一起时，纸质图书不再是学习的必备条件，我们的下一代动动手指、划划屏幕、问问 ChatGPT，可找到的信息可能比在图书馆泡一天获得的多。

可是，随着阅历的增长，我越发觉得图书馆有着无法被替代的重要意义。在这个信息爆炸的时代，能够被人记住的并不是那些看似热闹的信息流。我始终坚信，图书馆是保存人类智慧、知识遗产的宝库，它不仅是教育的根基，更指向教育的未来。

在我的家乡浙江瑞安，被誉为"江南四大藏书楼"之一的玉海楼是如同精神殿堂一般的存在，它由一代教育大家孙诒让之父孙衣言创立。孙衣言先生曾写道："天下之宝，我固不欲为一家之储也。"我曾站在其斑驳朴素的门墙外，想到这里一度汇聚万卷珍籍善本，惠及无数乡里士人学子，心中不禁澎湃激荡。中国古代的藏书楼不仅仅是为藏书而建，像孙先生一样的私人藏书家历史上不可计数，他们借助藏书兴办私学，致力于地方文化的传播和教育的发展，让藏书楼发挥着更重要的社会效能。可以说，如果没有图书馆（藏书楼）就没有书院的兴起和蓬勃发展，就没有民间教育在中华大地上的延续。

资源收藏是一座图书馆的基础。我在牛津大学做访问学者时，去过博德利图书馆（Bodleian Library），在它浩瀚的藏书中，有无数珍贵的手稿、杂志、地方志。其中历史最悠久的汉弗莱图书馆建于1448年，它建立的契机是亨利五世的弟弟汉弗莱公爵捐赠了281册手抄本。这些无价之宝与牛津大学共同度过了五百多年，守护着这座大学的睿智源泉。因为藏书只能阅览，不能外借，甚至对女王也不例外，每天都能见到老教授和学生们一起在此查阅资料、抄抄写写。每个人都怀揣着对书籍的敬重踏入其中，如同进入宁静的知识的深海。

光华打造的学人图书馆将是一座收藏型、创新型的图书馆，我们希望面向世界教育发展的历程，系统收藏教育领域知名学人的著述、影像、手迹、模型等优秀学术与文化艺术成果，以及与学术生产相关的历史资料和实物藏品。这些藏品也会以公益的形式向大众开放浏览或借阅，教育的力量正在于知识的传递和共享。一座闪耀着文明之光的图书馆，可以传递更多的光和热，可以用多种方式服务更多的人。

学人，图书馆的核心动力

为什么用"学人"来命名图书馆？我和团队争论过许久，也想过很多新颖的名称，最后还是敲定了"学人"一词，它既有学者（scholar）之意，又有治学、求学之人的意思。

没有人，图书馆只是一座建筑空壳，成不了知识的殿堂。如果图书馆只有藏书、藏品，没有阅读者、研究者，那只能视为一潭死水；而知识应当是鲜活的、流动的、被广泛传播、被久远流传的。

学人，一定是图书馆的核心动力。学人图书馆既收藏在学术上有一定造诣的人的图书资料，又是面向大众的文教平台。学人图书馆在最初的概念设计里就是一座研究型图书馆，它所学习的目标是哈佛燕京图书馆，即通过征集和采购特定领域的文献资料，并设立相关的访学机制，让馆藏的知识宝库以研究成果（主要是出版、交流等）的形式得以再生和传播。

我之前一直在思考，为何在中国的高校没有一座因收藏和学术研究而享誉世界的图书馆，就像哈佛燕京图书馆或者斯坦福胡佛图书馆一样。在一次同济校友聚会上，我向学校领导表达了发起设立学人图书馆的构想，与会的领导和校友都非常赞同，作为同济人我感到非常振奋。2022 年，同济大学 115 年校庆之际，我向同济大学捐赠设立了光华教育创新基金，主要用于支持同济学人图书馆项目。

与此同时，我们启动了"新教育学人图书馆"提升和新建规划，这是我们与新教育实验的合作成果。盐城大丰是新教育实验的实验区，新教育学人图书馆就建设在光华旗下的大丰外国语学校校园中。新教育实验发起人朱永新教授数十年来投身于倡导全民阅读的工作，他在教育界有一段广为传颂的话："一个人的精神发育史就是他的阅读史，一个民族的精神境界取决于这个民族的阅读水平，一个没有阅读的学校永远也不可能有真正的教育，一个书香充盈的城市才能成为真正的精神家园。"我深以为然。我们的新教育学人图书馆不仅要收藏教育创新的著作、成果，而且要作为学校和社区互动的阅读推广基地，还要面对所有致力于教育创新的研究者、实践者，设立相应基金项目鼓励他们驻馆研究、创作、出版。

未来，开放的城市客厅

在未来，学人图书馆不仅是聚合学人的空间，更是面向公众的公益性终身学习平台。位于芬兰赫尔辛基的颂歌图书馆（Oodi）便是一个理想的开放式、复合型现代图书馆。在芬兰数百个图书馆中，颂歌图书馆无疑是最令世人瞩目的明珠，它镶嵌在首都的黄金地段。

颂歌图书馆扬名四海并非因为它的藏书有多么海量、多么珍贵，也并非因为它的建筑外形宏伟而精妙，而是这座图书馆的功能远远超过了藏书和借阅。除了安静阅读之外，男女老少可以在这里"不务正业"。

除了顶层的藏书和阅读区，颂歌图书馆的一楼和二楼更像一个热闹的城市会客厅。一楼与市民广场无缝衔接，室内配备了画廊、电影院、餐厅，人们可以在这里与朋友聚会聊天，享受生活，就像在草坪上野餐一样自在；二楼则是更具娱乐性、灵活性的多功能活动区，自由职业者和创业团队可预约空间办公、开会，小朋友们既可以在游戏厅玩乐，又能在3D打印间体验创造的乐趣，还有手工爱好者们会组织大家利用图书馆的缝纫机、激光切割机变废为宝。没有人会因为不学习、不阅读而遭受质疑，也没有人感觉阅读与日常生活有距离。或者说，阅读、思考、交流，获得公平的终身教育，在这里是一件多么轻松又自由的事情。毫无疑问，如果要赶上芬兰的社会福利水平和公民受教育水平，中国还有很长的路要走，但这并不意味着颂歌式的公共图书馆在中国落地只是遥远的理想。

基于这样的城市空间的理想，我也尝试打造过一个区别于传统图书馆的空间，它是把实体馆和线上平台相融合，希望给予人们深度学习与文化交流机会的社交平台，让地方图书馆从一个单纯的书籍检索和借阅场所，演变为一个开放的学习交流中心。我们希望通过发动社会力量参与文化共建，形成一个不断纳新的、鲜活的城市文化内容库；并把学人作为文化创造与传承的主要脉络，搭建起与城市相关的文化成果收藏、展示、交流平台。我们曾经在扬州举办过一场主题为"大运河，小故事"的特别展览，当时展出的书籍等展品，大多来自当地的机构和市民，线上则呈现展品背后的渊源、故事，参观者可以通过线上和线下结合的方式，获得比传统图书馆或展览更为丰满的信息交流。该场活动是一个未来图书馆的尝试，也是我们对未来运营形态的畅想。

第三篇

创新之光

时代的风、科技的浪
未来已来
下一个十五年
光华何去何从
向内审视,向前眺望
拥抱多元可能
我们要在这片熟悉的大地上
书写这个时代创新的诗篇

第十二章

面向时代的窗口

中国教育的内外部环境正在发生着剧烈变化，越来越多的人意识到，教育不再是传统的教与学，课堂将更具挑战性。我们希望从一些新的视角对中国教育的未来进行多维的观察，探索革新的思路。

时代的风

飞速向前的时代

几百年前，工业革命把人类的生活空间从脚下一小片土地扩展到了城市，后来汽车、高铁、飞机相继出现，直至今天宇宙飞船载着人类奔向了外太空，实现了星际之旅。与此同时，得益于医疗科学的进步，人类个体的生存时间也在持续延伸，有研究表明，在过去的100年中，人类的平均寿命延长了30年。

近几十年来，科技革命正迅速席卷着我们的生活。从独立计算机到互联网再到人工智能，第四次技术革命中数字化的迭代速度超越了之前任何一次技术革命，让人类的时空被重新定义。使用智能设备，我们足不出户就能了解所有信息，可以轻而易举地与不在身边的家人、朋友视频聊天，可以向AI寻求帮助，甚至可以在元宇宙中"与现实世界平行"。我们接触信息的速度、数量呈指数级增长，同样，信息技术的迅猛更新也对人们接

四次技术革命

受和学习运用新事物提出了新的要求。

狄更斯在《双城记》中说:"那是最美好的时代,那是最糟糕的时代。"事实上,充满变革的时代洪流对于我们既是挑战,也是机遇。在过去,被机械替代的田间劳动力,通过教育培训适应了工业化时代的社会分工。可是,在当前社会迅速变化的时代背景下,我们不禁一次次发问,当前教育的变革与人类社会变革的速度相匹配吗?

步履蹒跚的教育

纵观人类社会发展史,教育一直在引领人类文明的进程。但在信息化和智能化的今天,教育的变革显得相对步履蹒跚。

从宏观上看,当今的教育仍然跟百年前的教育模式相似,特别是沿用至今的带有工业化时代特征的教育体系已弊端重重。譬如强调学生要听从指挥,遵循规定;让学生为在中高考中提升几分而反复刷题、疯狂做模拟卷等。我们的校园环境虽有极大的改进,但大多数学校的建筑、校园、教室并没有明显的区别。除了建筑外表的老旧程度不同、软件更新速度不同外,置身于任何一所学校,感觉几乎都是统一的标准。

不可否认的是,近几十年来,我国的教育发展取得了不小的成就,但相对其他领域来说则进展缓慢。

我国人口基数较为庞大,"公平公正"确为考试评价体系中最重要且最先需要考虑的因素,因而在中高考等大型考试中我们的评价方式依然单一。

近年来，为了促进学生的全面多样化发展，考试评价体系逐年改善，例如加入特长生考试、改革分数计算模式（部分地区将计算总分改为换算百分位数）、改革选科制度（把完全区分文科理科改为自主选科）等，但进展还是很缓慢。

中国作为世界主要的经济体之一，在国际社会中扮演着举足轻重的角色，在很多方面取得了长足的进步，但是我们的科技创新能力较弱，特别是一些"卡脖子"技术尚待突破，这需要我们一代代人慢慢地去改变。如果没有教育的创新，问题只会成倍激增。一艘陈旧的大船怎么能载得动少年们加速航行的渴望呢？教育的创新不仅关系着我们对知识接受的方式和能力，更是关系到一个社会、一个民族、一个国家的发展。

学习，为时代所需

从"90后"开始的新生代，是被各种电子产品包围的一代。"00后"则是"屏幕之民"（People of Screen）、"触屏一代"。现在开始，他们将跨入元宇宙时代，他们眼中的世界早已不是我们上一代人所认为的世界。

如今，社会经济与科技的高速发展促使各新兴产业对人才素质、对教育生态提出新的需求。譬如，大量传统行业的工作岗位将被人工智能代替，而且这种代替的进程或许比第一次、第二次工业革命来得更加迅猛。环境迫使每个人都要去思考教育"00后"应当如何做好面对未来生活的准备；如何掌握难以被替代的技能与知识，在科技时代里披荆斩棘。

我们不断追求丰富的生活体验、多元的生活方式和美好的生活品质，终身学习已经成为一种新的生活方式。终身学习能满足我们生存发展的需要，充实精神生活，还能为我们谋求更大的发展空间。在当今社会，一系列新职业应运而生……这些新职业可能都不包括传统意义上的"老师"，需要人们自主去探索、去学习，而这些职业也与现代生活更融为一体。虽然部分重复性较强的工作正在被机器取代，但是仍然会产生许多新的工作岗位，这就预示着针对学生的素质教育体系仍需进一步加强，针对所有人的终身教育体系仍需完善化发展。

风靡教育界近三十年的《学习的革命》一书倡导:"不管青少年学习什么科目,未来教育体制面临的真正考验,是教育体制怎样激励学生,并让他们享受学习的乐趣。"① 书中提出了四大必要课程:自尊、生活技能培训、学习怎样学习,以及具备特定的基本学术能力、体能和艺术能力。在今天看来,这四个层面的学习仍不过时,且更需要跟随时代变化而加强。

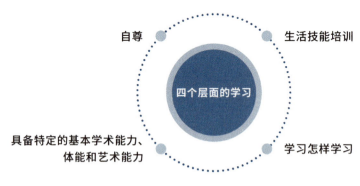

《学习的革命》四个层面的学习

科技的浪

就在我着手整理这章节书稿的同时,2023 世界人工智能大会(WAIC)在上海拉开帷幕。

特斯拉 CEO 埃隆·马斯克(Elon Musk)在视频发言中表示,计算机的数量和算力正在爆炸式增长,随着时间推移,相对于机器,人类智力在地球上的总思维能力中所占的比例将越来越小,这将是一场深刻的、根本性的革命。

这,已然成为共识。

无论是带着质疑观望,还是怀揣热情投入其中,大家都必须承认,人

---

① 戈登·德莱顿、珍妮特·沃斯者著,顾瑞荣、陈标、许静译.学习的革命[M].上海:上海三联书店,1997:79.

工智能将在人类文明进程中发挥非常深远的作用。

ChatGPT "引爆" 全球

在过去的几年，普通大众对人工智能的感知还是模糊的，直到一款名为 ChatGPT 的人工智能工具横空出世。ChatGPT 全名 Chat Generative Pre-trained Transformer，是美国 OpenAI 研发的聊天机器人程序，它通过人工智能技术能够理解、学习语言，并结合上下文与人对话。在指令正确的前提下，ChatGPT 几乎可以做到无异于人类的正常沟通，除此之外，它还可以开展代码撰写、表格生成、文案撰写、翻译等工作。

OpenAI 的首席技术官米拉·穆拉蒂（Mira Murati）在接受《时代》周刊采访时表示，ChatGPT 有可能真正彻底改变人类的学习方式。借助它，人们可以无休止地与模型对话，以符合自己理解水平的方式进行学习，因此它具备协助个性化教育的巨大潜力。它不断提升和革新的发展过程，一方面向我们的教育提出了挑战，另一方面也提供了机会和良好条件。比尔·盖茨近期也表示，"像 ChatGPT 这样的人工智能聊天机器人的兴起将与互联网的诞生或个人电脑的发展一样重要"。正如我们看到的那样，在各种任务处理的工作中，ChatGPT 都可发挥其独特的优势。

ChatGPT 的发展进程

ChatGPT 把我们推向了人工智能生成内容（Artificial Intelligence Generated Content, AIGC）时代，这是继专业生成内容（Professionally-Generated Content, PGC）、用户生成内容（User-Generated Content, UGC）等模式之后的全新内容生成时代，即内容的制作方从人或机构变成了 AI。在一定意义上，在 ChatGPT 出现之前，AI 更多增进的是人类的智商；ChatGPT 的出现则解决了情商能力的增进，这无疑是划时代的。

有调查显示，截至 2023 年 1 月，美国已有 89% 的大学生使用 ChatGPT 完成作业，在某些情境下，它在考试、测评的部分问题中甚至优于普通人类。发表于《自然》杂志的《ChatGPT 用于研究的五个重点问题》一文阐述了"拥抱人工智能的好处"，指出 ChatGPT 可以帮助研究者节约时间，让学者腾出手专注于新的实验。这样不仅可以加快创新，而且可能在许多学科诞生新的突破。只要解决目前的偏见问题、出处问题和不准确等问题，ChatGPT 将会拥有巨大潜力。[1] 我个人认为，即使人工智能未来可以帮我们在教育领域完成各种事情，也无法取代人际交流的过程，这也使得开发和激发孩子们的创造力、想象力、情感力、团队合作能力、同理心、好奇心等能力显得尤为重要。

除了 ChatGPT 引发的教育变革，近几年还有 XR 技术"打开新世界"，使用 XR 技术促进视听材料的迭代升级正在稳步发展。当前"沉浸式语文课堂""沉浸式科普体验"等备受关注，这种超越传统思维的体验模式可以使学生身临其境地感受自然文化、人文气韵和科技文化，对学生的想象力、思维能力都产生了有效的促进作用。

除此之外，还有元宇宙、混合现实技术、大数据、区块链等带来的各种挑战和机遇。美国评论家布雷特·金（Brett King）在《智能浪潮：增强时代来临》一书中提到："今天所探索的人工智能等科技，将彻底重新定义人类的下一个时代，这一时代可称为智能增强时代。"[2] 新的时代背景同

---

[1] Kara Yorio. The ChatGPT Revolution[J]. *School Library Journal*. 2023(2): 10–12.
[2] 布雷特·金. 智能浪潮：增强时代来临［M］. 北京：中信出版社，2017：9.

样催生了新的学习革命。面对这些信息科技，教育应该做的是拥抱科技，利用科技赋能教育；教育所传递的应该是利用信息处理问题和解决问题的能力。

教育智能化的普及

在智能化背景下，教育培养模式正在发生的改变是显而易见的。

从教育者的角度来看，教师可采用数字智能化教学模式、个性化教学模式、翻转课堂等多种形式为学生带来不同的课堂体验。在疫情蔓延的阶段，智能设施在教师教学的过程中发挥着至关重要的作用，教师纷纷成为"主播"，通过线上教学、线上批改作业、线上考试等方式使学生在安全的环境中"停课不停学"。

从教育对象的角度来看，智能化的学习方式最大限度地激发了学生的学习兴趣，学生在 VR 交互式教学、远程课堂、全息投影等各类沉浸式体验中获得对知识更为直观的感受。譬如，从前学生在学习化学的过程中，会因为某些实验的过程较为危险，而无法近距离感受实验过程，只能通过背诵化学方程式来记住结果。但是随着当下智能化的发展，学生可以沉浸式地体验实验过程，在"虚拟世界"中感受化学实验的种种变化，从而加深学习体验，强化学习效果。

从教育环境的角度来看，智能化时代背景下的教育环境布置同样发生了改变。无论是针对心理环境的创设，还是物理环境的布置，人工智能都已遍布于校园生活的各个场景，如智能化图书借阅、学生进校的智能化打卡、指纹储物柜等，在便利了学生生活的同时，潜移默化地将智能教育渗透到了学生的意识之中。

与之相对应的，我们倡导教师的角色逐渐向学生的指导者和协助者转变，人工智能根据收集的信息精准描绘学习者的画像，跟踪其认知与学习状态，给予教师数字化的模型，为高效教学提供更好的指引。人工智能可以对任务进行重新分配，让教师将精力投入学生的个性化培养和全面发展。例如，ChatGPT 可以在课堂中担当助教的角色，对师生提出的问题给出实时回应，有助于学生对复杂内容和概念的理解。我们也看到智慧学习场景在越来越多校园中得到落地，跨学科、多维度学习变得越来越容易。

智能化背景下便携化的移动设备层出不穷，智能手机、智能手表、平板电脑等逐渐成为孩子们学习的重要途径，上下学联系家长、在班级群查收作业、碰到不会的题目在网上搜索信息等。智能化的设备为学生学习带来了便利，同样为天性爱玩的他们带来了极大的诱惑，手机成瘾、"大自然缺失"等问题接踵而至。

机器学习能力

来源：埃森哲，人工智能应用之道（高管指南）。

当然，伴随而来的也有很多智能化噱头，如各种"名师线上讲堂"，家长被微信群中庞杂的信息所裹挟，渐渐深陷在人为营造的教育焦虑中，不得不"内卷"。再如很多教师会通过家长群发布信息，以高效便捷的手段节省了沟通成本，但频繁的群内评价、拍照点名等方式同样加重了孩子们的心理负担。这些科技照亮不到的侧面，我们仍然需要关注。

"教育 ABC"

光华最开始提出"教育 ABC"的概念是在 2018 年秋季，为了进行教育服务创新，我们在集团与各个学校开展了全面信息化管理的部署以及各类创新课程平台的开发。在这一时期内，我们调研了大量国内外的创新型公司，包括腾讯、阿里巴巴等互联网龙头的教育业务部门，以及在大数据、私有云、教育类 SAAS 等垂直业务领域的创新型企业。其中，有两家企业给我们留下了较深的印象。

一家是被誉为"中国云计算第一股"、于 2020 年 1 月在科创板上市的优刻得（U-Cloud）。这家公司从数字化服务经验、数字化发展趋势中，提取用户集中需求，在上海云基地推出"长三角数据流通平台"等实施场景，致力于服务上海产业数字化、智能化发展。优刻得的创始人、董事长季昕华先生是我的好友，我们有过好几次深谈，我不止一次和老季说，未来的教育行业才是最需要云服务的，也是最体现云计算能力的。那时候我们还没听说 OpenAI，但我们都对教育的技术创新充满了期待。

另一家是奥鹏教育（Open）。这是一家以提供在线学历与非学历教育服务为主的互联网平台企业。奥鹏打通了教育主管部门的资格认定、各个大学的课程供给、教学终端的技术以及学员导入等多个层面。他们在理论上可行、实操上却有诸多限制的"学分银行"模式，也让我们真切看到了线上创新教育在中国的实现路径。

基于这些观察和思考，我们开始在集团内部构筑光华的"教育 ABC"。

"A"是指 AI（人工智能）。AI 技术已经在许多在线学习平台中成熟应用，如 AI 网课。传统教育具有人工成本高、内容同质化以及资源分配不均匀的弊病，今后大量基础性的、重复性的教学工作将被 AI 代替，原来的这一部分教师将变成 tutor（私人教师或辅助型教师），在线上或线下协助资深教师与学生管理教学计划，PBL 制的学习模式也将因此得到更广泛的普及。国内外多家公司发布了 AI+ 教育产品，如多邻国在"Max 订阅方案"中推出两项基于 ChatGPT-4 设计的教辅功能、网易有道发布 AI 口语老师以及科大讯飞发布"1+N"星火认知大模型等。

"B"指的是 Blockchain（区块链）。区块链技术可以从根本上解决"学分银行"设想中关于学习成果认定的权威性与适用性的问题。首先，区块链技术有透明性与不可篡改性等特征。若社会化的教育机构要加入使用区块链技术的教育联盟，就必须最大限度地考虑自己的教学质量与认定成绩后的信用问题，这可以使一批真正优质的社会型学习组织得到认同。此外，区块链技术不仅对机构有辅助与约束作用，而且对学生、教师等个体同样公平——教与学的全过程被记录后，关于教学与学习效率、成果的评价都是透明的。

"C"指的是 Cloud（云）。云技术最重要的功能是为各种类型的学习组织节省成本，以及保障组织与个人的信息安全。有了云平台，学校可以将有限的资源重新分配给教学和学习。无论是公有云还是私有云，学校或者个人信息的存储都将具备较强的加密性，这都比本地存储要可靠得多。

当然在"云"上，我们可以储存很多的大数据，一些应用也开始得以使用，譬如一些高等院校通过学生在校的消费记录来"发现"经济困难的学生，定向帮扶。除了技术型的应用，未来教育大数据也会对政府的决策发挥支持作用，决策部门对变化的反应也会更快，从而可以帮助决策部门客观了解某一项政策从制定到实施可能面对的各种情况，使教育改革稳步前进。

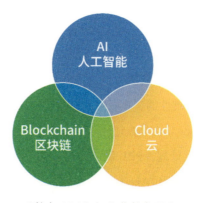

"教育 ABC"智能化教育理念

总体而言，我们认为从技术角度，"教育 ABC"既促进公平，又提高效率，是未来教育形态与方式创新的重要发展方向，光华也将在这方面持续探索。当然，随着 AIGC 时代的到来，智能化教育的面貌将会更加清晰。

创新的潮

未来学校的设想

世界正在经历新一轮科技风暴，而在教育内部，创新也正在进行。在信息科技的影响下，校园变得"有中心、无边界"，逐步向社区、向家庭、向自然界、向各种空间蔓延……学习将无处不在。

最著名的教育创新场景之一便是广为人知的 MIT Media Lab。这家创办于 1980 年的跨学科研究室，一直致力于教学内容的跨学科整合以及与企业、科研机构真实课题的结合。在长期的教学实践中，MIT Media Lab 与产业界形成了良好的合作关系。可以说，它既是大学的教学部门，也是产业的人才培养基地与科研部门。

事实上，光华对互联网时代的未来学习中心这一全新的教育形态也有自己的理解——我认为，就如 MIT Media Lab 连接政府、企业、大学的科研课题一样，教育作为人才、技术的集散地，未来学习中心有能力也有责任去连接更多。

在未来，教育需要被重新定义，传统的学校有可能被未来的学习中心取代，当然，学校被取代并不意味着九年义务教育被取消，人的基本知识技能仍需通过指标的方式去学习获得，但是对于学习的年龄和学习课程的先后顺序可以灵活安排。对于学生而言，重要的是他们的学习兴趣和学习自主性，学习的方式和方法也会更加创新。未来的学生应为终身化的学习者，而非把所有的学习都留给了童年，把所有的工作都留给了中年，把所有的休息都留给了老年，智能化时代的教育并非局限于为工作做准备，更应该注重基本素养的培养与提升。

朱教授所提出的未来学校的设想是一种对于教育变革的美好设想，光华也正在向这个方向创新。在科技浪潮翻涌的未来，打破教育惯性，促进全人发展尤为重要。

以学生为中心的教育创新

不论是在美国还是在其他国家，从项目制学习到个性化课表设计，如今有很多学校和教师在尝试这种新的教育可能性。也许我们也能够从一些成功的案例中，借鉴一些手段来重新设计学生的学习、教育方式，通过游戏和学习的结合，给学生带来切实的益处。未来的教育将会更多地让位给拥有新思维的学校和教师，让位给创新的教育方式。

一个打破传统模式的创新教育案例是美国高科技高中（High Tech High）。2019 年 11 月，被 BBC 誉为"教育界诺贝尔奖"的世界教育峰会（WISE）就把教育奖颁发给了高科技高中的创始人兼首席执行官拉里·罗森斯托克（Larry Rosenstock）。

高科技高中因为纪录片《最有可能成功》（Most Likely to Succeed）为人熟知。该纪录片探讨了未来可能的教育模式，记录了高科技高中的学生家长起初充满疑惑地把孩子送到那里，但那所学校用了两项数据来说明为什么他们是最有可能成功的：一个是学生的平均成绩比地区平均水平高出 10%，另一个是学生的大学录取率是 98%。两项数据成功打消了父母对那所学校的疑虑。

高科技高中要求学生通过动手实践项目来学习关键的学术技能，学生主动查阅资料、主动协作、主动尝试。而教师承担的是"设计师"的角色，引导学生完成自己的学习项目。在高科技高中，职业教师只占一半，另外一半则是由各行各业的专业人士构成。

高科技高中的教室，就像一间间儿童博物馆。在这里，项目制跨学科学习是学校教学的核心原则，教师根据每个学生的具体需求调整课程，并以跨学科的方式设计课程，给孩子一个环境和任务，让学习自然发生。

从对高科技高中的案例探究中，我们看到了个性化教学的新路径，我们期待在"以学生为中心"的视角下探索，倡导科技产品支持下的智能化学习，通过多方合作、多元共存的方式促进学生的全面发展。

个性化教育的可能性

另一种 21 世纪个性化学习的新模式是美国的 Altschool，也是光华曾经借鉴的教育创新思路。

"学校不应该是一个你被强迫着去的地方，而应该是一个你自己想去的地方。"Altschool 做到了这一点。Altschool 的 Alt 就是 Alternative 的缩写，代表了"可选择性"，也就是这所学校所推崇的教育制度。有人将 Altschool 定义为教育（education）+ 设计（design）+ 工程（engineering）+ 创业（entrepreneurship），这无疑是一种对教育制度的重新定义。

Altschool 源自创始人马克斯·温蒂拉（Max Ventilla）的创意。2013 年春天，他从谷歌离职，毫无教育教学经历的他因为自己的孩子，才开始关注教育领域。他认为时代在进步发展，教育系统就不可能再如同 30 年前的样子，教育必须跟上时代和科技的步伐，以培养未来社会需要的人才。基于创始人自身的专业背景，Altschool 在多个层面进行了创新。

首先是教育途径。教师会通过线上平台与学生们聊天互动，在自然化的交流过程中了解学生的优劣势和学习兴趣，从而根据学生的最近发展去设置相应的教学计划并发布到平台上，学生可以通过自己的 iPad 查看任务，并将完成任务的成品提交于平台上，之后教师可以通过可视化的方式进一步了解学生的学习状态。因此在 Altschool 中没有严格的分班制度，若学生在某一方面具备长处则可以和较高年级的同学一起学习，比如 Andy 同学数学很好但语文较差，那么他可以和五年级的同学一起学数学，和三年级的同学一起学语文。在这样的教学途径下，教师所面对的是一个学习能力、学习兴趣相近的群体，因而可以较为轻松地实现大班教学活动中的因材施教。

其次是教育方法。它设置了大量的选修课程，学生可以根据自己的兴趣选择课程的内容和上课的时间，Altschool 会通过其自行研发的软件工具，为每位学生建立个性化的成长档案，并在与学生、家长沟通后建立学习任务表，并基于大数据分析技术为每位学生制定个性化的学习模块，形成专属数据库。在这种个性化的教学方法的支持下，学生能够在教室里各自进行自己的活动，或学习，或研究交流，形成一种和谐发展的"家庭"氛围。

最后是教学内容。学校的个性化课程中涵盖四大领域的内容，分别是思维、生存、交际、知识与经历。Altschool 的课程设置极为灵活，在每一个领域具体的课程之中建立下位模块，同时增设大量的跨学科课程使学生获得更为广博的知识文化。此外，Altschool 同样会举行标准化考试，通过 MAP 考试系统（Measures of Academic Progress）对学生进行评价并进一步调整教学计划。

后来，Altschool 的发展策略发生改变，从原来迅速增设分校的模式改为发展教育软件，并将软件出租给教育机构，分校则逐渐关闭。AltSchool 终将何去何从，我们继续保持观望态度，但其对教育的创新就像最初的冒险家，为后人的探索开辟了航道。

不论是何种形式的教育创新，我们会看到其中所蕴含的核心逻辑都是培养学生的创造力，都是为了培养未来社会所需要的人才而进行的教育改革和创新。我们希望能够借助科技的浪翻起属于教育的创新的潮，共同把握住面向未来的窗口。

第十三章

创新实验室

科技浪潮滚滚而来，拍打着千百年来蔚为壮观的教育堤坝，也激荡着我们的教育创新的梦想。光华正在打造一个个与众不同的"创新实验室"，让多元的教育场景承载孩子们的想象力和创造力，让一批创新型的课程和实验性的教学实践真正落地，为新兴一代带来不一样的学习体验。

打造创新的教育场景

努艾瓦学校的启示

2023年春天，我参访了杭州绿城育华学校。杭州绿城育华学校在江浙一带的教育界颇有名气，他们一向注重国际交流，注重培养学生的国际视野。我好几年前就去过育华，上一次为了参观校园，这一次专程为了考察他们引进的一个教育项目。2018年初，他们把美国努艾瓦学校（The Nueva School）的设计思维课程带进育华，经过四年的探索与实践，育华所有的学生每周都能体验设计思维课程，这可以说是国内践行素质创新教育的优秀案例。

此次参访带给我最大的触动就是这里的学生对于创新课程的学习热情和积极性。在观摩设计思维课的时候，学生在老师的带领下热情地投入项目制作，充分发挥想象力，积极讨论自己的想法，在展示环节踊跃地展示自己的作品。轻松欢乐的课堂气氛、学生们炯炯有神的目光和表现出的自信心，感染着每一位在场的观摩人员。从课程构建到实施，结合多元学习评价，在科学素养的引领下，进行有趣味性与侧重点的学习，这正是努艾瓦学校的创新课程体系在中国土壤的一次生根与发芽。

怀着对这所传奇学校的浓浓的探究兴趣，2023年夏天，我飞越太平洋，去了努艾瓦学校。

努艾瓦学校的校园场景

努艾瓦学校成立于1967年，最初是一所九年制的走读式中小学，现提供K12全学段教育。这所学校建立的初衷是为天赋型学生提供更多的关注，因此在建校之初，创始人集结了17位诺贝尔奖获得者，共同商议适合该群体的教学体系，最终选择"创造力、独立性、主动学习、社交和情感学习"作为该校教育理念的关键词。基于此诞生了"Learning by doing, learning by caring"（在实践中学习，在关心中成长）的校训。经多年实践，该校取得了可观的成绩。其创办的高中还非常年轻，但是教室内外处处洋溢着创新的气息，在 2017 年和 2018 年两届近 150 名学生中，就有 18 人进入常春藤大学，名校录取率高达 25%，这些成绩的背后是学校的教育思潮起到了关键的推动作用。

光华创新实验室

这次参访让我思考良多。在未来的社会里，如何保持持续学习的动力和能力、如何思考解决问题的方式是影响孩子一生的。有人说，课程创新是学校教育变革的第一推动力，是学校特色的重要保障，而我更认为优秀的课程是教师成长的最佳情境场，也是学生学习的有力加速器。好的课程设计能激发学生的兴趣，也能带领教师更加热爱课堂热爱教育。于是，我们制定了光华创新实验室升级战略。

首先，组建光华创新实验室升级研究小组，由集团相关人员牵头，集合参与研发的各学科骨干教师，并外聘设计思维课程等专业团队来指导与培训，培养能设计创新教学方式、具有教育热情和探索精神的教师团队。

其次，按照世界一流学校的创新实验室规格，全面对标并提升各学校的创新实验室，1 年内逐步改造完成学校的全部实验室，让创新教育的实施有空间支持。

从 2023 年开始，在上海、浙江等地率先试点设计思维、批判性思维等课程，2 年内在光华所有的学校普及。

创新不是纸上谈兵，设计思维主张"有想法，更要有行动"，在行动中获得新的启发和有价值的信息，在失败中学习，培养学生的意志品质和元认知能力。也许创新实验室正是这把钥匙，启发学生用创造力来面对持续变革的社会。

不一样的教室

校园环境、具备创造性的建筑设施都在潜移默化中培养着学生的创新意识和创造能力，教学环境的变革也激发着学生的学习兴趣。比如在努艾瓦学校基本上不存在传统学生所用的书桌，取而代之的是通过对坐、围圈的形式开展讨论和小组活动。

　　学生在较为开放的环境中，采用低结构的材料对学习和研究也能产生不同的体会和感悟。在努艾瓦学校中学生要完成的任务还包括自主创造的项目作业式任务，比如从四年级开始学习编写代码等。虽然任务具备一定的难度，但是学生基本上可以在导师帮助下完成。在此过程中，学生的自主发现、问题解决、坚持等学习品质和能力得到充分的锻炼和提升。

　　光华在过去的几年投入了大量的人力、物力改造和提升校园环境，光设计费就花费超过 1 亿元。我们在上海、浙江、江苏和天津等地的校园不仅建筑很现代，而且学校内的教室、实验室、公共空间全部按照我们的教育理念打造。首先，相比传统教室，我们的创新实验室需要更大的空间面积，一般来说是一个普通教室的两倍以上，让学生有更大的活动空间和变换的可能性；其次，打破空间单一功能的限制，划分为几个非常规的功能区，采用更灵活的移动拼接桌椅和可移动的储物架，既给学生活动预留空间，又提升了空间的安全性能；最后，我们配备与 STEM 课程相关的科创设备，包括数台切割机和 3D 打印机等，并为未来可能需要的新设备材料

光华浦东校区创新空间

预留空间。

创新实验室将更大程度地拓展学生的科创空间，鼓励学生开展更为丰富的 STEM 俱乐部、玩转生物实验室、人工智能社等学生社团，拓展自己的兴趣领域，并在兴趣中进一步锻炼学习能力。

让学生走出校门

当师生走出校园，山河草木与社会的广阔天地也可以是承载教学的"创新实验室"。

过去的数年，光华在常规课程开展的基础上，还会通过每年的旅行、定期开展的家长之夜等活动，锻炼学生的社会情感技能（Social Emotional Learning，SEL），使学生将所学运用于实践之中，从而更加自信自强。

比如每年一次的年度旅行是光华中学的重要活动，学校会基于不同年级的认知采用不同的旅行教育路径。低年级主要在社区和野外露营，高年级则会进行年度游学活动。我们鼓励老师把课堂设置在真实的生活中，带领学生走出教室、走出学校，让学生沉浸式体验书本中学过的知识。

人文行走素质拓展课是上海光华中学的传统项目，覆盖学校各年级所有学生，根据不同年级的课本内容设计不同的行走路线：六年级选择了山东文化行走，让学生理解儒家思想对于几千年中国历史的深远影响；七年级和八年级的学生开启了湖北和河南的文化之旅，增进了对各地风土人情和历史文化的认知；九年级则在四川安排了毕业旅行，为初中四年盖上充满意义的毕业纪念章。

丰富多彩的游学活动得到了师生的一致好评，但我们不得不承认目前的游学教育还存在教学目标表面化的问题，蜻蜓点水式的参观学习对于学生的深层次的影响不够。未来，我们也会增加这方面的课程设计，把教学项目融入活动，并让学生参与到具体的项目中，如设计旅行路线，融入文学、历史、地理、自然生物等知识，使其易于理解和掌握，进而能运用于实际生活。

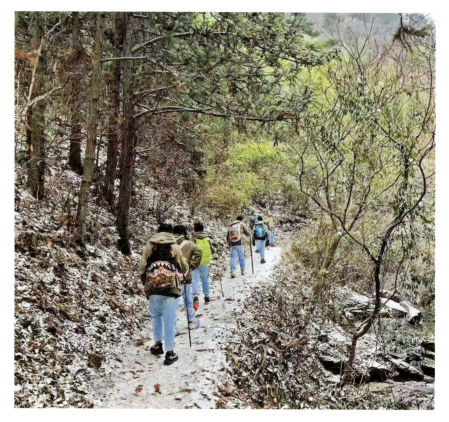

2018年光华中学安徽绩溪人文行走

"读万卷书,行万里路",我希望光华学子可以在行走中看到更多可选择、可努力的成长方向,培养自我价值感、自尊心和责任感,以应对变化越来越迅速的时代。

有据可循的创新路径

批判性思维的提升

创新不是随机的灵感,也不是对思维定式的简单否定,它需要理性思考、遵循规律、不断试错。比创意更重要的,是学会观察、思考和归纳,并针对相应的问题提出一个具有可行性的方案,并付出行动。

美国哲学家约翰·杜威（John Dewey）最早将"批判性思维"（Critical Thinking）用于教育领域，被称为"批判性思维之父"，认为"这种思维乃是对某个问题进行反复的、严肃的、持续不断的深思"，强调对某个观点、假说、论证需要采取谨慎的态度，在进行主动、持续和细致的理性探究之前，先不要立即赞成或反对。[1] 其实批判性思维的起源可以追溯到2 500年前苏格拉底的反诘法教学。苏格拉底与柏拉图、亚里士多德等西方先贤都推崇系统且理性的思考，透过表面现象探讨更深层的内核与本质。

很多年前，光华就已经开始了对批判性思维课程的探索，我们还曾经与华东师范大学国际与比较教育研究所的彭正梅教授合作，出版了"光华启迪·批判性思维译丛"。培养批判性思维，对个人能力的成长有无可限量的帮助，这也是光华学生需要在学校生活中获得并具备的核心素养。

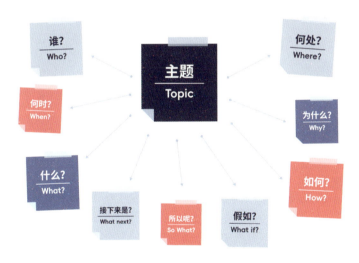

"提问式"的教学模式

我们希望保护每位学生的创造力，第一点是不懈追问，引导学生对各种问题的答案进行质疑，养成不要轻易相信"标准答案"的习惯，从而保

---

[1] 约翰·杜威著，姜文闵译.我们怎样思维：经验与教育［M］.北京：人民教育出版社，1991：1.

护其创造力；第二点是双向质疑，即不仅要考虑其他人的观点未必是正确的，更要想到自己的观点也未必正确，基于这样的质疑，学生才会接纳新的事实、观点和视角；第三点是凭事实依据说话，只有这样才能不轻信专家或者权威的观点，培养个人勤于思考的习惯，从而成为未来社会所需要的创新型人才。[①]

教育最重要的任务之一是发展学习者的批判性思维能力。如今，批判性思维已经成为全球教育引领国家中对于教育创新领域谈论最多的话题之一，也是美国 GRE 考试、SAT 考试以及英国 A Level 的重要考核内容。中国基础教育界也意识到了批判性思维教学的重要性，部分学校也逐步开设了相关课程。

我们认为批判性思维是创新思维的基石，伴随创新实验室项目的落实，光华将在基础教育阶段系统性地推进以下措施：

- 从教育目标的设置上将批判性思维的培养作为关键性指标，设计以高阶思维能力作为学习标准的评价体系；
- 在创新实验室课堂教学中，改变传统"灌输式"教学，把学习知识提升为学习思维；
- 加强跨学科项目的课程设计，探讨跨学科中的批判性思维；
- 鼓励多元的学校文化和班级文化；
- 在教师培训中加强批判性思维训练，使教师团队能示范和引领这一技能的发展。

项目式学习的运用

为了贯彻"以学生为中心"的教学理念，更好地培养学生自主探究能力、批判性思维和创造力，光华创新实验室将以项目化学习（Project-Based Learning, PBL）作为课程的组织形态，推动课程结构的创新变革。业界对于 PBL 的定义有很多观点，比如巴克教育研究所（Buck Institute of

---

[①] 谢小庆著. 审辩式思维［M］. 上海：学林出版社，2016：5.

Education, BIE）有比较详细的阐述：

> 学生在一段时间内通过研究并应对一个真实的、有吸引力的和复杂的问题、课题或挑战，从而掌握重点知识和技能。项目化学习的重点是学生的学习目标，包括基于标准的内容以及如批判性思维、问题解决、合作和自我管理等技能。①

在光华，PBL教学逐步成为课堂的常态，虽然开始执行时师生都有所顾虑，比如老师会思考项目化学习的效果是否与考试相匹配，学生对自己面对的问题缺乏自信。然而，这种新的教学方式在推行一段时间后，师生都主动沉浸在探究问题的过程中，从中收获了意想不到的效果。我在这里举两个已经在探索中的PBL教学案例。

在光华中学九年级艺术课堂中，PBL模式已深入开展了一学期，这种教学方式的调整是将老师"教学"转变为学生"求学"。颜色给人的感觉、视觉艺术中的数学、手游中的立体美术研究、专辑封面研究……看上去对中学生有些挑战的题目，都是由学生自主组队要完成的任务课题。项目从主题甄选与组队、任务分配与问题解决历时两个多月，内容融合了音乐、数学、科学、信息技术、美术等多学科知识。负责艺术课程的迟老师说："从实际的学习生活出发，寻找自己感兴趣的话题，让每个孩子充分发挥自己的特长并学习互相协作，从而在探究实践中收获新知。"在一般的艺术教学中，教师会告诉学生毕加索是谁，立体主义又是怎么发生的，但迟老师选择把问题和答案都交由学生。问题驱动学生去搜集资料，把事实性的知识系统化，使其获得审美感受力的提升，这就是一次PBL学习的实践意义。有位同学在课后表示："在活动中我感受到了艺术中是没有量化的固定标准答案的，这应该是艺术极具吸引力的地方。"

---

① 夏雪梅著.项目化学习设计：学习素养视角下的国际与本土实践［M］.北京：教育科学出版社，2018：8.

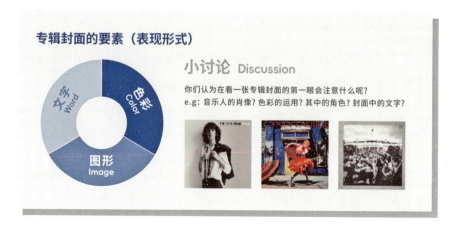

光华中学九年级艺术课程学生汇报 PPT

项目化学习可以集中于某一学科进行发散,也可以打破学科间的壁垒。比如光华杭州校区在清明时节利用地理优势,展开了一次跨学科的探究式项目课程。杭州是龙井茶的生产地,以"春茶"为项目主题,教师们引导五年级的学生自主收集数据,通过图表分析、对比,来探究"明前茶,贵如金"背后的经济和社会问题。而在"春雨"项目中,四年级学生一方面要以"清明时节雨纷纷"开展人文诗画探究,另一方面需要用地理、数学、化学等知识分析气候变化的真相,模拟下雨实验。如果只有单一学科的课本知识,则学生们是无法解决项目问题的,于是大家主动地"走出课本",来到真实的生活情境中,提出了创造性的解决方案。

通过选题、探索到展示的一系列项目化活动,我们让学生发挥自主学习的内驱力,乐于学习、善于思考并勇于实践,从而培养他们跨学科、跨领域的综合素养。光华正在推进的创新实验课程正是将学生置身于这些实际任务中,为学生提供运用多种思维方式的机会,让思维的训练植根于解决问题的过程中。

设计思维课程的推进

在光华创新实验室中,我们也将引入设计思维课程,培养孩子能像设计师一样思考问题，拆解现实产品，用新的方式去提供更好的解决方案。

设计思维（Design thinking）是一套完整的经过验证的创造性解决问题的思维体系。设计思维课程的核心是秉持以人为本的理念，通过移情（同理心）深挖需求，聚焦真正问题所在，指导学生积极看待身边和世界上的众多复杂问题，并以好奇、乐观、创造性的方法解决这些问题，从而培养下一代变革者。设计思维在斯坦福大学设计学院（D.School）大力推广发展下，正广泛应用于各行各业并取得了相当显著的成果。

设计思维在K12教育中也得到了相应认可并正在成为一种面向未来的全球化学习趋势。努艾瓦学校在几年前就与斯坦福大学设计学院合作，设计开发了第一个针对K12学生的设计思维课程计划和I LAB实验室，并把设计思维课程作为其教学内容的核心。在小学阶段，学校就设置了给学生长期接受设计思维的训练，令其有意识地使用设计思维来解决问题。等到了中学阶段，学校根据不同年龄段的孩子设计不同主题的项目内容，分为7～9年级和10～12年级，让他们跨年级合作，激发他们对于学习探索的热情，自主去完成项目课题。课题的选择范围很广泛，从地方到全球，涉及很多学科——科学、工程、艺术、人文等。学生们采用5个步骤去完成这些课题：调查研究、创意形成、分析与决策、沟通与管理、反馈与反思。通过一次次实际项目的积累，学习不再是纸上谈兵，而是对学生未来进入社会有深远的影响。可以说，设计思维课程的教育理念不仅能提升个人价值，而且能推动整个社会进步。

把设计思维融入光华教学中，让师生共同面对真实情景、真实用户、真实需求去设计产品，寻找解决方案，并做实践测试，这将有助于培养学生乃至老师的创新能力和综合素质，还有助于培养学生的跨领域思考、沟通表达能力和高阶的思维能力。整个过程通过同理心（共情）深挖需求，聚焦真正问题所在（定义），在团队协作下进行头脑风暴（构思），制作原型，收集反馈并测试迭代情况，培养学习者面向未来所需要的一系列核心能力和综合素养。

斯坦福大学设计思维五阶段

2023年秋季学期开始,光华正式把设计思维课程引入创新实验室,上海光华中学以及杭州光华外国语学校率先成为设计思维课程的试验田。作为准备,在2023年暑假,我们便开展了"名师工作坊"和"设计思维专题培训"的教师活动,让团队在教育授课方式上不再拘泥于传统的课堂模式,而是升级为跨学科、项目式的新型课堂。

从创新教育全球领先的美国斯坦福大学、麻省理工学院,到芬兰的赫尔辛基大学,经过对教育学、脑科学与认知科学的长期跟踪与系统研究,都得出了结论:创造力是可以培养的,而且越早开始效果越好。为此,光华在小学和初中同步开展设计思维课程:杭州校区在每周五下午,为小学中高年级的学生安排相关选修课;上海光华中学在周四或周五将为初中学生开设设计思维课。各校还计划将周五(或周中某一天)定为"创新日",这一天不仅要上创新课程,其他学科也可以进行跨学科训练,项目贯穿于一整学年的教学任务中。

我们希望汇聚国内创新教育的有识之士,组建未来创新教育联盟,将创新课程推广给更多学校,惠及更多学子。

第十四章

让生命在此绽放

在创新教育的探索之路上，光华营地的意义是独特的，真正让孩子们走出了教室，突破教学的规则和评价的标准，来到更广阔的大自然中。我们希望通过营地教育这一全人教育的模式，让"久在樊笼里"的孩子们浸润在自然、自由的空间里，感受人与自然之间美妙的连接，体会人与人之间积极的互动，从而获得更多学习和创造的力量。

探秘光华营地

光华营地诞生于上海青浦的淀山湖畔。阳光照耀下，湖面波光粼粼，闪烁光芒，是为光；校园郁郁葱葱，水木清华，是为华。光华营地生动地诠释了"光华"之义。

东方绿舟往西 7 公里

1861 年康涅狄格州的一位校长带领学生徒步 40 英里前往一个模拟军事基地开展了为期十天的学习生活。回来后校长和老师们惊喜地发现，学生们非但没有精神涣散，反而专注力和对学习的投入都有不同程度的提高，于是这所学校便定期组织营地教育活动。这便是有记录以来最早的有组织的营地教育活动。

营地教育，在国内大部分家长的心中大概还是个陌生的概念，而在西方国家乃至东亚发达地区，营地教育已经和学校教育、家庭教育完美融为一体了。哈佛大学前校长、美国教育家查尔斯·艾略特（Charles Eliot）曾说："我相信，在一个组织良好、精心设计的营会里，短短几周，学生的所学可能就会超过一年的正式课堂教育能为其提供的内容。"

在上海，提到"营地"大多数人会第一时间想到东方绿舟。

东方绿舟建于 2002 年，是上海青浦区淀山湖畔的一个大型公园。许多家庭会选择周末来这里踏青露营、草坪午餐、参观仿真航空母舰，也有公司在此做团建拓展培训。更重要的是，东方绿舟作为上海市青少年校外活动营地，承接了大部分中小学的军事课和劳动课的教学任务。骄阳下的军训演习、淀山湖边的班级春游，几乎成为上海每一个"90后""00后"的童年"标配"。

自东方绿舟沿着沪青平公路向西 7 公里，便来到我们光华营地。相比而言，东方绿舟总体上还是一个官方导向的大型集体教育基地，而光华营地则是一个课程设置更自由、更灵活、更国际化的营地项目，可以说是营地教育 2.0 版本。

光华营地原来是一个隐蔽的休闲度假村，位于淀山湖南岸，植被郁郁葱葱，滋养着这片天然氧吧。经过我们三年的打造，这里变成具备综合教

光华青浦营地位置

亲子皮划艇活动

光华营地俯景图

育功能的营地空间——<u>丛林探险、音乐喷泉、感官花园、休闲中心、专业级赛场、完备的住宿空间</u>,其硬件设施超过国际营地标准。

来自清迈团建的答案

我们真正接触到营地教育,大概是在 2016 年。2016 年 12 月 19 日,教育部 11 部委联合发文《关于推进中小学研学旅行的意见》,将研学旅行纳入中小学教育教学计划,这时我国的泛游学及营地教育才蹒跚起步,很多所谓的"营地教育"只是带孩子参观一次博物馆、到郊野公园晒个太阳。

理想中的营地教育应该是什么样子的？这个答案来自 2019 年深秋的泰国清迈之行。

借着公司团建的机会，光华的同事们特意避开云集的游客来到清迈，单辟一天开展山林徒步。

清迈排名第一的国际学校便藏身于这丛林美景中，从市区驱车前往耗费了近 1 小时，但迈入学校大门的那一刻起，犹如漫步于国家公园，让我心旷神怡，旅途的劳累烟消云散。我们在一望无尽的参天密林中步行许久才觅得零零星星的教学楼，所有的楼房建筑以木结构风格和大地色系为主，人与乡野自然在此融为一体，师生们每天漫步于度假村一般的校园中，悠然地任由自然联结每天的学习生活。虽然生活节奏缓慢，但这所学校不仅是东南亚第一所授权认证的 IB 国际学校，还是世界上少有的提供 4 个完整 IB 课程的学校之一。这便解答了徘徊在我心中许久的一个疑问：优质的教育成果是否和高速的教学节奏成正比？事实给了我们否定的答案。

在这个公园般的学校里，我们发现每一间教室的背后都紧挨着一个面积比教室大三四倍的花园，应该说，花园才是学生们的主教室：蜂蜜农场课程、昆虫博物馆、老年大象照顾中心、泰餐厨艺课程……各色课程都在花园开展。唯有了解这所学校的课程体系，才能明白，清迈国际教育的成功是环境资源融入课程、融入教育理念的成功。

这次清迈之旅结束后，光华营地的蓝图在我心中便越来越明晰，光华进军营地教育的决心也变得前所未有的坚定。

"引导更多人感受自然的魅力，收获由内而外的成长。"我将这句话列为光华营地的使命。我们期待在营地教育中呼吸到久违的自然的"空气"，唤醒我们内心对本真的向往和创造的激情。

连接、勇气、绽放

光华营地在品牌建立之初精细梳理了产品结构图，提出了 3B 产品设计理念，即连接（Bridge）、勇气（Braveness）、绽放（Bright）。

第十四章 ｜ 让生命在此绽放

光华营地 3B 产品设计理念

"连接"指以兴趣、体验为主导，连接人与人、人与自然、人与场域的可持续关系。光华营地就像一道任意门，成为连接孩子与自然的桥梁。我非常喜欢"任意门"这一说法，之所以要打造营地 2.0，就是因为希望打破传统的单一教学目标，把更多可能性容纳进来。营地教育的场景比较复杂，教材教具和设施设备众多，活动空间大，体验内容丰富，产品种类繁杂，这些都为教育提供了无限的可能。

"勇气"指以技能、知识与理念传播为主导，在人与自然和谐相处的过程中克服恐惧，突破自我，共同成长收获。如何让"温室里的花朵"走出舒适的生活圈，勇敢面对一些陌生的困难，光华营地直面这一教育目标。比如有的孩子看到高空"丛林穿越"时就心生胆怯，可这种有挑战性的项目恰恰激励的是其内在的勇气。我们希望光华营地像触手可及的充电站，助力孩子自信面对生活中每一次挑战。

"绽放"指以自我突破与探索为主导，通过全方位的自然训练，激发学生们的好奇心与求知欲，塑造睿智人格，绽放精彩人生。相比知识的教授，人格的塑造是如此基础又如此艰难，我们很难快速地找到一条正确的路径，光华营地也不急于在短时间内让人迅速成长。花开需要时间，我们只需耐心等待，可能结营数月后的某天，突然就传来了绽放的好消息。

光华营地产品结构图

没有围墙的教室

多样的教学场景

营地,不仅是一个空间,还承载着不同的场景,而不同的场景也赋予了营地多样化的可能性。在淀山湖畔广阔的自然环境中,我们把场景区域分为森林、湖泊、花园3类,这样多样化的教学场景才是使得场景式学习和PBL学习更淋漓尽致的载体。

亲子踏青营

在森林区域,我们在平均树龄超过 60 岁的原生态乔木林之上,打造了总长 700 米、共 3 个难度的丛林穿越装置,这是具有一定先锋意义的教育探索。

围绕着丛林环境,我们在树木之间布置各个不同难度的关卡路线,参与者需要通过高空木质吊桥、趣味网阵、树屋驿站、溜索、秋千等多种趣味环节进行树木间的探险,通过爬、滑、游、跨、跳、飞等动作越过所有障碍,到达终点。体验者进入高空线路后,会 360° 沉浸在茂密森林的包围之中,宛如置身东南亚的密林。我们的导师规划了三种难度呈阶梯式递增的挑战线路,无论是经验老到的户外达人、零基础的入门玩家,还是刚刚接触户外活动的小探险家,都可以找到自己最适宜的线路。丛林穿越也是我们创新教育的课堂,除了考验体能、技巧和勇气,我们还把 3D 打印、激光打靶、游戏设计等 STEM 课程相关要素融入"穿越"之中,让挑战的关卡更富趣味,让穿越之路更具变化,营员甚至可以自己制定规则,创造独家的挑战、进阶之路。

水上中心的桨板课程

在湖泊区域，我们建了水上中心，由码头、星空派对场和综合运动场组成。水上中心还配有专业的教练团队、完备的训练体系。营员可以学着用桨板或是皮划艇深入这片水域，跟随蜿蜒曲折的河道，开启一段人与水、自然与人文的连接。当蜿蜒的河道出现在眼前，就能看到那些色彩斑斓的皮划艇。营地码头连接三条水上线路，生态观鸟、水文研究、水系治理、乡村体验等各种跨领域的课程活动都可以通过一艘小小的手摇船串联。

亲子踏青营

在花园区域,我们设计了集自然景观与农耕体验于一体的感官花园,其中,生态农园开展"朴门永续"理念的园艺课程,野生栖息地的昆虫屋、鸟窝、栖息地之路是动植物的自由乐园,食材花园是自然食育的主场,自然工坊里的比萨窑、手工教室可以让人们分享艺术手作和创意美食的灵感。我们的师生在花园中种植了近100种植物。随着季节的更替,花园不断变换着色彩——春天烂漫缤纷,夏天青翠葱郁,秋天金黄饱满,冬天素衣淡妆,宛如四时流动的画卷。我们在这里见证植物发芽、开花,何尝不是在期待这种创新的教育能孕育出更美的明天?

创新的教学方法

素质教育喊口号容易,但是落实起来真的有点难。还记得那个大喊"你们去素质教育吧,我只想考清华"的学生吗?有多少学生家长甚至一线教师身处传统应试教育向素质教育转化的阵痛中。为什么很多人把素质教育与高质量的教学水平对立起来呢?这是我们的教育选拔机制导致的。

以我们的力量去撼动传统的评价方式也不大可能,我们只能用创新的行动去改变一小部分人的认知。

夏令营中的创新主题课程

我们在营地活动中探索 PBL 项目式教学法的创新运用，以"设计思维"为特色，设计创新主题，与营地的自然场域、人文环境和科创氛围充分结合，给孩子们创造玩中有学、学以致用的假期。

譬如，我们曾推出一个以"水"为主题的夏令营，"设计思维"贯穿了桨板旅行、纸船设计渡湖、湿地探索等九大亲水模块，让孩子观水—玩水—懂水—乐水，带着逐步深入的思考，掌握解决问题的能力。在明确了"设计"是为了解决问题而存在后，孩子设计并制作了属于自己的纸板船，通过团队协作选出代表，驾驭纸船横渡真正的大河。在亲水玩乐的过程中，孩子们不仅在广阔的自然环境中尽情放松，也收获了"天一生水、水生万物"的可持续发展理念与哲学观，更在潜移默化中学会了剖析问题、拆解问题和迎难而上。

在沉寂了三年后，2023 年春天，中国大陆的营地教育行业触底反弹。怎样在竞争激烈的赛道上挖掘并发扬自身的优势，是当下我们面临的最大挑战。我们继续以"设计思维"为抓手，推出了"打造森林游乐园""淀湖万象纪录片摄制""原创桌游设计"等让家长与同行都感到耳目一新的产品。

在光华营地的"森林游乐园"夏令营中，孩子们需要在光华营地的自然森林场域里，规划、设计、搭建、经营自己的游乐园。结合营地的 3B 产品设计理念，我们将素养分为三大部分，分别是连接（Bridge）：沟通素养、合作素养、自我意识、自我管理；勇气（Braveness）：道德品质、社会意识、探究人格、辩证分析；绽放（Bright）：创意生成、创新实践、反思和修正、文化认同和践行。基于此框架制作的学员档案中将呈现学生表现性评价维度及产出物，让孩子的表现及成长清晰可见。

单个营会活动的素养评价和营员表现也将在我们的光华币（Brilliance Coin, B Coin）机制中体现。高规格的评价将帮助营员赢得一定数量的 B Coin，参与营地的志愿服务、担任助教等经历也能取得相应的 B Coin 作为报酬。营员可以用 B Coin 兑换营地纪念周边，若是长久积累，则可兑换到参与丛林穿越等特别挑战的资格，甚至获得名额有限的海外研学申请机会。

我们通过这样的激励机制将营地各模块串联至同一根行动链上，在交互共创中逐渐形成光华营地的文化生态，培养营员对营地的黏性与归属感。我们非常期盼能够见证一个孩子从初步接触自然，到他18周岁自由拥抱世界的伟大过程。

如果说丛林穿越见证了生命不断向上攀越的精神，那么感官花园见证的就是生命的细腻绵长。

多元的课程设计

在探索的过程中，我们惊喜地发现，越来越多的家庭和学校加入了我们的营地活动。很多大企业也有意愿将员工团建选择在光华营地，已经有好几个大学的商学院拟将这里作为 EMBA 学员的拓展基地。营地教育场景使家庭、校友会、社会团体得到不同的体验。以丛林穿越的设施体验为例，学生团体更注重团队协作、良性竞争与技能突破；当体验者是家庭时，这片与日常生活场景迥然不同的自然场域提供了松弛的沟通情境，为家庭成员间信赖的培养、为更多感性认知的萌发提供了有温度的空间；而当体验者是多年未见的老校友，活动过程中的惺惺相惜，多年未见却仍然迸发出的默契，也会通过这些沉浸式的营地活动得到释放和升华。

于是我们设计了多元的课程，覆盖各类型、各年龄层的人群。不管是朝气蓬勃的孩子还是疲于打拼的年轻人，都能在这里找到适合自我提升的课程，让成长自然而然地发生。

基于以上特色课程，我们还开放了针对特定团队的产品定制服务，企业团建、校园活动、毕业旅行、森系婚礼、生日会等各类活动都能在此举行。热爱自然的环保志愿者们、志同道合的露营发烧友们、周末想换个地方喝下午茶的姐妹花们、重视企业文化建设而进行团建的公司同仁们，还有需要在围墙外吮吸知识雨露的祖国花朵们，都可以在淀山湖畔静谧的森林里尽情释放热爱。

这里可以是一个人的狂欢，也可以是一群人的热爱。年轻一代愿意尝试一个人的旅行，光华营地作为一个停驻的栖息地，年轻人既可以在这里放空自己，也可以在这里结识更多有趣的灵魂。有位达人 Emma，原是一位生活圈在静安寺的都市丽人，也是安福路常驻文艺青年，却会在周末不定时驱车来到我们青浦营地参加一日营。"虽然我的朋友们来自各行各业，但我们都有一个相同点：喜欢自然，喜欢新东西。"经历了篝火晚会后，她准备下次生日会在光华营地办。

当然，这里更是一家人欢度周末时光的好去处，因此更多的报名者是以家庭为单位的。我们为孩子们提供高质量课外综合体验的同时，也为家长们提供瑜伽、冥想、手作等服务。W一家就是营地的老朋友，W和太太在一次西班牙之旅中相爱，他们有一个聪明活泼的小朋友上幼儿园中班，热爱户外、亲近自然是这家人共同的特点。W常常浏览我们公众号发布的开营信息，总会"抢到"第一个家庭席位。他们把孩子交给营地专业老师去学习，夫妻二人就在"大朋友"活动区度过轻松又快乐的一天。

更多连接的可能

人与自然的连接

感官花园的名字来自视觉、听觉、嗅觉、味觉、触觉这五感，孩子们能在这里通过各种有趣的互动装置、农耕、园艺、烹饪课程来充分调动激发自己的五感，从而更具象地感知大自然的神奇魔法。除了种植、采摘与观赏植物，我们还能用花园的比萨窑烹制比萨，观察兔子窝和昆虫之家，听竹子编钟神奇的乐音，在蹦床上一跃而起，从半空中捕捉花园各个角落的可爱模样。

感官花园是自然教育的绝佳场域，而在活动实际的开展中，我们发现在硬件设施之外，情感更是激活场域的魔法，场域与情感的连接让自然教育事半功倍。对孩子们而言，人与自然的和谐共生、对等尊重的观念，假若停留在价值观语义的表述上，就如同隔靴搔痒，难以消化吸收。但花园里的一些"意外"事件总能提供小小的"破发点"，来击碎这样的壁垒。

一位导师曾讲述过这样的一个故事。某日，他与孩子们在花园里交谈时飞来一只蜜蜂。"不速之客"的到来让孩子们感到害怕，有的孩子甚至伸手拍打。尽管他的心中也有不安，却没有盲目遵循安全原则，而是选择劝慰孩子们："这里是蜜蜂的家，它是主人而我们是客人，我们怎么可以在这里攻击它呢？"蜜蜂朝他飞去，停在他的手上，与他四目相对。最后，蜜蜂完成了自己的"人类观察"，平静地飞走了。或许蜜蜂只是在表达某种情绪，或许它是在欢迎孩子们的到访？

在这间没有围墙的教室里，一只蜜蜂的插曲迅速在孩子们面前勾勒出人与自然的关系，感染力远非书本教材可比拟。也正是这些充满随机性的意外，组成了令人印象深刻的营地教育活动，无论是孩子们还是导师，都在这座森林课堂里吸收取之不尽、用之不竭的天然养分。

人与人的连接

夏天是这片森林最喧嚣的时候。家长选择让孩子参加夏令营的目的各有不同，有的是为了解放自己，有的是为了让孩子学一些课堂外的知识和技能，还有的是相中了这个突破了孩子生活圈的社交舞台。不同经历的孩子们聚集在一处，在短短几天内建立起友谊，矛盾自然避免不了，但温馨和快乐是夏天的主旋律。

2022年7月参加夏令营的一位男孩，在一周的快乐体验后，与带教老师拥抱许久才登上回程的大巴，悄悄抹着眼泪。他恋恋不舍地说：我会回来的！在最炎热的8月中旬，这位小男子汉兑现了自己的承诺，带着好朋友二次入营，并迫不及待地告诉老师自己在这一个月里保持着营地里养成的好习惯，每天的阅读量有多少进步，上次没有争取到的那个勋章这次势在必得……

还有离异家庭的一对姐弟被父母送进营来培养感情，两个孩子住在一间房里，临睡前却因为妈妈打电话时的"偏心"而爆发"大战"。为了安抚孩子的情绪，一男一女两位生活老师分别陪两个孩子睡觉，让他们都能尽情倾诉委屈，引导他们回忆姐弟俩对彼此亲厚的一面。在生活老师细致温暖的照顾下，以及同龄孩子的快乐氛围里，姐弟俩在后来的营期中不仅

"放下干戈",还实现了父母期望的关系破冰。

温暖的故事也在持续发生。去年我们在夏令营中设计了一个结合户外运动与生态观察的环湖骑行打卡模块,以原创漫画骑行勋章作为任务奖励。大部分孩子已经能够熟练地骑自行车,少部分还不会骑车的小朋友乘坐观光车与大部队共同行动。看着自由自在御风骑行的小伙伴们和遗憾错过的骑行勋章,几个孩子心有不甘,偷偷找到老师"谈判"。面对孩子们直率而恳切的愿望,营长放弃了午休,陪孩子们在太阳下加练,从推自行车、踩踏板开始学起。这里没有家中长辈怕孩子磕了碰了的"高压关照",有的是老师与伙伴的鼓励和呐喊,还有要摘得骑行勋章的满腔热血。两个中午的时间,四个孩子全部成功"毕业",对家长而言也不失为意外之喜。

环湖骑行打卡

这些,都是营地教育的魔力。

水上运动是夏天最受欢迎的活动。但是,我们也需要直面家长的纠结。自己的孩子不会游泳,希望孩子可以借助夏令营的契机亲近水从而消解对水的恐惧,但对孩子在自然的环境中下水心存顾虑:会不会被虫咬?会不会落水喝到脏水?这些担忧是可以理解的,毕竟野外的环境与城市里恒温消毒的游泳池相比，不确定因素增加了太多。但正因如此，我们更鼓励孩子在这里挣脱"不可为""不应该"的枷锁，让勇气与直觉牵着自己前进。

有位顽皮好动的男孩子遇到桨板就蔫了，落水是他自幼的噩梦。尽管鼓足了勇气趴上桨板，但越小心越慌张，他最害怕的事情仍然发生了。在那个直面恐惧的时刻，小伙伴们的激励和欢呼成了他的超大号救生圈。我们的导师常说，"落水"是学习桨板的必经过程，假如不知道如何在水中保持稳定，控制住人和板的关系，那又何谈掌握？小小的桨板翻下水的那一刻，就是他真正打破心结的一瞬间。最害怕的事情已经发生了，那还有什么可以拦住自己的呢？终于，男孩开始驾驭桨板，不再被桨板牵着走。后来我们从回访中得知，孩子回家后很快学会了游泳。显然，野外的环境、伙伴的激励、正确的引导，这些人与人、人与自然的连接，都是让孩子迅速成长、突破自我的催化剂。

人与世界的连接

森林学校与营地解锁了自然场域的力量。现在，光华营地仍在围绕 3B 价值体系，不断探索跨学科、跨国界的教育产品。

光华营地与淀山湖为邻，我们正在努力充分挖掘淀山湖一带的自然生态与人文历史资源，打造新的课程体验模块。比如，摇橹船是当地水域常见的交通工具，我们计划聘请当地村民为摇橹船的工作人员，将生态环境保护、乡村走访、观鸟等课程的场景转移至摇橹船上。

2023 年夏天，我们的创新主题夏令营收到了市场的良好反馈，其创新主题融合了设计、游戏、STEAM、财商、社交、手工等各方面。我们没有选择采购市场上的成熟产品，而是从策划选题到邀请课程团队，再到具体的课纲课案研发与执行落实，全部由营地部门完成，从而保障夏令营产品的原创性，保证产品与营地品牌的价值观高度一致。

以"流浪猫驿站"主题营为例，孩子们通过机械搭建、木工制作、编程、电路等知识的运用，为光华营地的原住民猫咪们打造出"智能监控—合理处置—长效管理"的猫咪驿站，完成一个既智能创新又兼具公益价值的作品。

真正拉开"后疫情时代"起跑线的 2023 年是旅游、研学大面积复苏的重要时机，因此营地为集团下的多所学校量身定制了人文行走、五岳攀登、沙漠徒步等研学旅行，用脚步丈量广袤的山川大地。营地品牌也正在将触角向国外延伸，在短短数月内就与英美多所顶级院校达成了夏校项目或研学参访的合作框架。我们认为，全人教育的完成度离不开世界公民意识的构建，需要学生在对本民族文化有深厚了解和热爱的基础上，广泛关注国际领域的知识，融会贯通东西方文化，学会在全球化的背景下关注与思考问题。2023 年末，我们新推出了光华创新营（Guanghua Innovation Camp，GHIC），引入国外夏校形式和来自藤校、牛剑的顶尖师资，结合集团自身的教育资源，从教学质量、校园硬件、学习氛围到社交环境，重现原汁原味的美式/英式夏校，并将持续在课程内容、授课形式、教学场景、评估方式等多方面进行创新。GHIC 诞生之后，光华营地将能够打造课堂学习（校内）—营地体验（校外）—研学参访（国外）的教育场景延伸。

作为创新教育的探索者，我们已经开始为跨学科、跨国界的交融教学开展更多元的教育实践，但真正做到无边界的教育，我们还需要更多人加入颠覆性的实验。

第十五章

组织新生

新人才

一边是海水,一边是火焰

说到人才,我想跟各位来探讨一对当下社会的矛盾:为什么那么多应届大学毕业生找不到合适的工作,与此同时大多数企业却纷纷表示招人难?

大学毕业生不容易找工作的一部分原因可能是高校扩招,2022届全国普通高校毕业生人数突破千万大关,2023届全国普通高校毕业生规模达1 158万。高校扩招加上经济增速变缓导致劳动力市场供大于求,毕业生的就业需求得不到满足,使得"就业难"的现象日益严重。按照常理来说,既然"就业难",那么企业招人应该不难,但实际情况是两种现象同时存在。企业缺人和人缺工作匹配起来十分困难。

或许有人会说应届毕业生缺乏工作经验,企业要招聘的往往是有相关经验的熟手。那我们再来看看已就业多年的职场人的现状:全国总工会2022年一项全国性调查显示,35岁至39岁年龄组职工中有54.1%担心失业,70.7%担心技能过时,94.8%感觉有压力。智联招聘发布的《2023春季白领跳槽指数调研报告》显示,4成以上白领担心岗位被AI工具取代,超8成白领计划通过学习应对挑战。社会上"35岁危机"也是长期热议的话题，曾有网民给总理留言，表示虽然自己"精通各种技术体系"，但因为超过 35 岁，辞职后连面试机会都很难得到。

光华目前有下属的校区和分支机构几十个，所属员工早已上千人计，总体来看本科生超过 90%，硕士以上的占 50%，是一个典型的人才密集型机构。我们每年依然会因为找不到合适的人才而苦恼。就以我们最近招聘的 A Level 动画设计导师为例，收到的应聘简历有数百份，筛选后值得邀请来参加面试的只有十几位，都是动画专业排名前三的海外名校的毕业生，但经过面试、试讲、个人作品呈现等环节后，剩下的人选一只手就能数过来。

优秀人才画像

虽然我们把学历作为筛选标准之一，但高学历和人才其实并不是一回事情，这个我深有体会。我二十多年前第一次创业的时候，在一个三线城市，那时候，周围企业招聘的员工普遍是大专生、中专生，我们的员工一开始就是全明星队伍，一众清华大学、浙江大学、复旦大学毕业的高才生，但是我的第一次创业并不成功。

同期的阿里巴巴，大家都听说过其"十八罗汉"的故事，实际上这 18 个创始人的学历并没有我们想象的那么光鲜，可这群年轻人却联手掀起了中国互联网的热潮。

我听同事分享过一次招聘行政前台的故事，当时有多名应聘者都是全日制本科毕业的，还有几位海归，但是我们把录用函发给了一位出生在河南农村、第一学历只有中专的女孩子。她曾凭借自己的努力从中专升到大专，又从大专升到本科。经过两轮面试筛选，我们看中这个女孩子积极上进、服务意识强这两项优势，而且很有潜力。我听到这个故事的时候，这个女孩子已经成为光华教育集团一家下属公司的总经理助理了。

对于人才的招聘，我们现在会重新定义。首先是有共同愿景的人，也就是同道人；其次是有责任心且愿意长期一起共事的伙伴；最后是有创新意识且执行力强的人。特别是我们团队涌入了越来越多的"90 后""00

后",我接触下来,他们有这样几个共性:

- 他们可能有点"社恐",但他们独立意识强,有很强的判断力和决策能力;
- 他们可能不习惯服从领导、遵循经验,但他们具有创新的思维能力,能提出新的想法和方案;
- 他们可能目前的知识技能还有限,但具备持续学习的动力和能力,保持对行业的敏感度和前瞻性;
- 他们可能喜欢彰显个性,但并不妨碍他们具备领导力和团队合作精神,充分发挥团队能力完成创新任务……

光华"90后""00后"员工的共性

相比 15 年前的创业初期,光华对人才选拔和引进的标准更加综合。有些员工初进公司可能没有表现出完全匹配的能力,跟不上我们企业创新的节奏,但我愿意用时间去培养、用团队去带动、用机会去试验,让他们转变为同路人。

团队建设

彼得·德鲁克认为并不是只有高管才是管理者,所有知识工作者都应该像管理者一样工作和思考。对组织负有责任、能影响组织经营成果的人，就是管理者。

光华是一家以创新为核心的教育集团，核心竞争力就是不断培育集团的创新能力和执行力。我们也早已意识到，大量优秀人才的聚集不一定就能焕发创新能力和执行力，没有好的组织，也可能成为一盘散沙。

这让我想起我们在创建初期有一对化学中外教互相争执的事，令人印象深刻。我们学校使用剑桥国际的统一教材，剑桥国际每年对不同学科的考试大纲也可能做些微调。一位化学中教在仔细查阅了历年考纲后认为这一年删除的一个考点其实有必要讲解，但是作为化学组组长的外教则认为没必要，因为中国学生用英语学习化学已经很不容易了，多教一个考纲外的知识点没必要，教得不好还容易跟其他知识点混淆。两人争执了很久，最终想到大家的共同教学目标。中教表示他可以重新编排一下教学顺序并考虑增加一个教学实验，组长做出让步同意让这位中教在他的课堂上尝试一下。第二年剑桥国际公布考试成绩后，化学组组长高兴得带了一瓶香槟请全组老师一起分享。

整个企业的发展需要有共同愿景，具体到一个部门、团队也是一样的道理。团队最终要走到什么地方去？这是团队领导者要主导团队成员一起想象、共创的。只有大家都认可一个共同的远景目标，或者至少在思考部门的理想状态是什么样子时，能够想到这个愿景，所有的工作才会有一个"锚"。之后，所有的评价工作的标准、评价部门人员的标准，一切的工作，都围绕这个愿景来进行，就会清晰很多。

管理学上有一种说法，团队存在的目的，就是弥补个人力量和才能的局限性，所以需要团队成员协作互补，把团队的力量发挥到最大。但人是复杂的，并不是把具备不同专业技能和综合能力的人放在一个团队，就能自动起到"1+1＞2"的效果，要做到这一点，关键就是要能识别团队中各个成员的优势和潜力，确保能将他们都放在最能发挥个人潜力的位置上。然后对整个团队的主要工作内容进行合理分工，以便上下游衔接能够最省时省力，还能够控制风险。

新组织

过去 15 年的运营管理经验让光华成长为一家能为学生提供优质的教育服务并培养学生创新能力的教育机构，还使光华成为一家注重挖掘员工潜力并帮助他们提升成长的雇主平台。

我们曾经大胆地做过员工岗位互换的尝试。一位名校海归应聘的是光华升学指导岗位，但名校光环对她日常处理的琐碎沟通工作并无明显加持作用；另一位是从事教学岗的老师，对学生认真负责，教学成果却总不尽如人意。虽然招聘时，两位老师的职业背景、求职方向和岗位需求是匹配的，并且都很认同我们的价值观和教育理念，但在实际工作一年后，两位老师都遇到了职业瓶颈。眼看着对教育工作十分热情的她们，因为工作成效不佳而日渐沮丧，我们管理层也非常希望能帮助她们成长。后来经过反复沟通，我们突然有了想法，让两位的岗位互换一下，没想到实践证明这个大胆尝试很成功。

认真回顾总结成立以来的经验教训和得失，我们把重点放在打造一个创新型组织——一个培养创新人才并成为各类人才实现职业理想、全面发挥作用的平台，让人才形成合力，增强公司持续前行的根本动力，在公司发展的新阶段取得更大的成绩。

面对激烈的竞争环境和高速的科技进步，我认为新时代的创新型组织应该包括以下五个方面的特点：

- 创新型组织鼓励员工发挥创新思维，提倡创新文化，倡导开放、包容、自由的工作氛围；
- 创新型组织鼓励员工尝试新方法，不断尝试与创新，允许试错，并从中吸取经验、总结教训；
- 创新型组织重视创新投入，包括人力、物力、财力等方面的投入，以保障创新的顺利进行；
- 创新型组织鼓励颠覆式的创新，不仅仅是在现有的基础上做出

改进或创新,而且是彻底颠覆现有的模式,创造出全新的商业模式或产品;

● 创新型组织注重团队协作,鼓励员工之间互相交流、分享和学习,以达到知识共享、加速创新的目的。

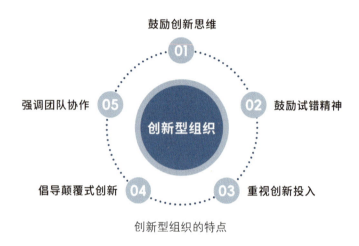

创新型组织的特点

作为一个有社会责任的企业,光华也担负着帮助员工与公司共同成长并为社会创造更大价值的重任。为此,光华决定系统性地部署人力资源规划和人才培养计划。

人力资源规划

沃尔玛有60%的管理人员是从普通营业员成长起来的。沃尔玛公司把如何培养内部人才及对既有人才的培训看成一项首要任务。沃尔玛的培训观念就是:我们认可每一位员工的价值,并且对他们取得的成绩给予奖励。最重要的是我们为员工提供培训发展计划,让他们与公司一起成长。

为了营造创新型组织,光华需要做好发展新阶段的人才规划。在招聘选拔阶段,从集团到下属学校都是以宁缺毋滥的指导原则来落实的,员工入职后除了能从工作中获得经验和成长以外,也需要系统地学习和交流,通过知识技能的迭代更新让自己不惧未来,并能满足公司和学校的发展战略对人才要求的不断提升。

首先，根据集团战略目标和工作任务对现有的组织架构和岗位设置进行评估，合理增减。评估后那些重复性强的岗位可撤销或与其他岗位合并；需要新增的岗位也可在现有的架构下增设。整体的架构必须是扁平的、灵活的和高效的。

其次，确认要保留的岗位，进一步分析目前在岗人员的胜任力，通过以往绩效、知识、技能、成就愿望等方面做出完全胜任、可以胜任、勉强胜任、较难胜任四个等级的综合判断。

在岗人员胜任力

再次，对于以上四种类型的员工给予不同的规划：第一类型的员工赋予其更多机会和责任，并列入核心员工名单，帮助其做好职业规划；第二类型的员工帮助其激发潜能，做更好的自己；第三类型员工为其安排相应的工作指导和培训计划，鼓励其进步；第四类型员工则考虑引进创新的优秀人才进行替换。

最后，就要从引进、选拔、培训、激励、留任等多方面的机制来完成积聚创新人才的任务。

人才培养计划

结合以创新为核心的企业文化，我们把这项人才培养计划以"光华创新管理学院"为载体来组织实施。光华创新管理学院下设立五大中心：

- 校长创新研究中心：参加成员是下属学校的总校长、学部校长、副校长，主要交流探讨行业政策、未来趋势、民办教育的发展方向、教育创新在学校的尝试和推广等。

- 教学管理发展中心：参加成员是下属学校的学部校长、教学校长、教导主任、教研主任、教务主任、年级组长等，互相学习交流教学过程中环节的创新、教学质量监控的经验分享、教学组织形式的探讨、教师考评体系的优化等。

● 学科建设交流中心：参加成员是教学校长、学科组长、教务主任、骨干教师等，交流探讨国家课程的研究、校本课程的开发、素质提升课程和综合实践活动的结合等。

● 师资队伍成长中心：参加成员为初级、中级、高级教师等教师岗，培训内容涵盖金牌教师打造、英才发展计划、未来之星选拔等。

● 运营管理学习中心：参加对象为集团员工及下属学校非教学岗位员工，培训内容涵盖领导力与团队管理、合规管理（法律法规与风险控制、校园安全管理、财务管理实务操作、劳动人事案例解析等）、学校制度建设、品牌宣传、升学指导等。

光华创新管理学院的五大中心

五大中心的培训交流的形式多样，有研讨会、工作坊、专家讲坛、主题沙龙、团建活动、外部公开课、录播课自主在线学习等，我们也会邀请集团外的行业专家进行干货分享。

目前，集团已先后组织多批有潜力的骨干员工参加成长营的课程，涵盖自我管理、团队管理、创新思维等内容，获得良好的反馈。同时，也针对管理人员组织了 Mini MBA 系列课程，并结合课程内容定期交流在工作中的应用效果。我们也希望以开放的企业文化、高度的自由空间、创新型的领导力、良好的职业发展机会以及有竞争力的薪酬福利提升创新型组织的形象和品牌。

管理者的敌人

彼得·德鲁克说过一段关于老板素质和企业成长关系的话，大意是，一个企业的成长空间取决于老板自身的价值尺度，有什么样的老板就有什么样的企业，有什么样的企业就有什么样的员工。一个企业随着规模的扩大，需要一个规范的管理组织机构，如果老板一个人掌握其命运，特别是那种任性的老板，那么企业就有可能在发展当中遇到这样或者那样的问题，有时候这样的问题还可能是比较致命的。

当然，在光华称呼老板是不被鼓励的，会被我当面纠正。

一个企业，一所学校的发展，一把手是关键！管理者最大的敌人其实是你自己，管理者第一个需要管理的就是你自己。一把手如果没有危机意识就是企业最大的危机，一把手如果没有责任意识就是一个企业最大的威胁，一把手如果没有创新意识就是这个企业在战略转型时期最大的问题。

在持续学习和危机意识等方面，光华的管理层基本是称职的，我们有一定的机制，推动管理者不停地学习与进步，以适应外部环境的变化，做到与时俱进。

但如何管制管理层的任性其实是一项更棘手的问题。往往一个企业取得了一些成绩，就容易产生傲视群雄的心态，有可能失去批判精神、不肯学习了。道理不难理解，一旦不学习，人的能量与外部之间就没有交换，没有能量交换就会萎缩，就像池水会发臭。

管理层的任性不一定都是坏事，有时候固执甚至偏执就是一个企业前行中最重要的动力，但一个企业家一直任性和独断总是有问题的。

我意识到自己在不少方面存在着任性甚至偏执的情况，在任性与偏执的时候，我们也走了不少弯路，于是，我选择了让有批判性思维的人进入管理层。

年轻的管理者进入集团决策层后，公司的讨论会画风立变，会议室一度炸开了锅，几乎天天上演"批斗会"，主要的"批斗对象"就是我：项目太多，创新太快，落实有脱节……

一开始大家都不适应，年轻的管理者越斗越勇，会议变得冗长、效率变得低下，我觉得这些人除了"破"，就不会提出"立"的建议。在开始的时候，不仅是我适应不了，下属机构更适应不了，被一顿痛批的负责人纷纷向集团投诉：再派这样的人来，我们就不接待了！

怎么办？如果废了这种制度，违背我们设立时的初衷，如果不废，沟通和协调的成本又太大。我用了两个月的时间来思考这个问题，得出的结论是：第一，接受别人的批评，管理者首先要改变自己的内心，要以倾听者的心态来听他们的声音；第二，要让批评者本身成为倾听者，因为他们往往不了解公司的历史、项目的背景，基于理想化的愿景去发表自己的观点，希望找出解决问题的最优方式和方法，虽然抱着一种善良的愿望，但结果往往适得其反。

所以当我们立志让公司成为一个具有自我反省和自我批判性的机构时，一方面要让管理层适应这种有不同声音存在的机制，另一方面也要让批判者能倾听别人的意见和反馈，特别是需要注意沟通的方式和方法。于是我们在集团内部召开了几次会议，确定了会议的流程，确立了良好的沟通方式和技巧。经过几个月的磨合，我们的会议变得更加有效，也使得下属机构更愿意接受他人的意见和建议。公司因此避免了很多个有可能带来损失的投资决策。

事实上，大家熟知的芯片制造企业英特尔就曾经遇到过类似的情况。英特尔曾经因为存储器业务下滑导致企业面临困境。1985年的一天，安迪·葛洛夫与公司董事长兼CEO的摩尔讨论公司困境。他问："如果我们下台了，另选一位新总裁，你认为他会采取什么行动？"摩尔犹豫了一下,答道:"他会放弃存储器业务。"安迪·葛洛夫说:"那我们为什么不自己动手?"于是,英特尔放弃存储器业务并进入芯片行业,最终迎来了今天英特尔的成就。

在这点上,我的心得是,一个企业的成长之路,就是一条打怪升级之路,也就是克服自己心敌的道路。主动去发现自己认知的局限、思维模式的局限,自然就走上了自我进阶的道路。勇于倾听,不惧非己,拥抱变化,如此甚好!

新文化

创新绽放光华

"文化"(Culture)一词尚没有统一的定义。跨文化研究领域的泰斗吉尔特·霍夫斯泰德认为,所谓文化,是某组织成员或某一划分方式下的人群所具有的精神气质方面的集体性特征。因此,我们可以认为文化是一种风俗,是一种习惯,是道德,是价值观乃至心理结构的精神复合体。企业文化在这种意义上说不仅是指企业内部成员的归属感、责任感、信念感、价值观及企业的生命力、凝聚力等因素,还应当包括企业的雇主形象、品牌形象、对外界的吸引力等,因此也可称为企业的"软实力"。

光华在创立初期就跟团队一起畅想过公司应该提倡什么样的企业文化,一个企业的健康发展是需要这样的精神纲领来指导引领的,一个没有文化的企业肯定是永远长不大的企业;一个长大了却没有健康文化的企业必定会营养不良,而且风雨飘摇。正如前文指出,我们所面对的已经不是光华15年前创立时的时代,新的学生需要新的教育模式,而新的组织需要新的文化引领。于是我们根据新阶段的战略目标做了些细节性的调整和修订,让创新的理念从顶层设计走向实际落地。

过去的 15 年,光华致力于打造中国领先、世界一流的国际教育综合旗舰,这一集团愿景已经在我们的实践中清晰可见,今天我们可以非常有底气地向学生、家长和社会喊出"选择光华、选择未来"的口号,也能在教学服务和教育成果上达成让孩子们"做最好的自己"的承诺。

"下一个 15 年，光华应当成为一个什么样的企业？"

2022 年末的一次集团高层会议上，我向在座的同伴们抛出这个问题。有的合伙人说我们要不断开拓国际市场，提高企业的国际化水平；有的同事说光华要不断创造更好的教育服务，成为国际教育领域的领军企业……对于一家成长型的企业来说，这些答案当然是"满分"的，毕竟光华在国际教育和基础教育领域深耕多年已小有成绩，还需在企业发展的各个方面精进发展。然而，我认为光华发展的目标并不是追求企业规模和效益上做到业界第一名，光华应当是一家以创新为核心，真正对教育创新起到长效推动作用的企业。

教育赛道本来就该是宽阔的、开放的、朝向不同目标的。总盯着企业业绩的第一名，反而束缚了我们创新的脚步。我希望多年后，业界谈到光华并不仅称其为"牛剑收割机"，光华的教育创新模式应更为大家津津乐道。

于是，"创新绽放光华"这个全新的标语诞生了，并将引领全体光华人走向创新的未来。一朵创新的花，成长必定是漫长而艰辛的，我们已经将其种子播种在光华这片教育热土上，相信它终将绽放。

核心价值观

"以人为本、追求卓越、开放包容、诚敬谦和"，是多年来光华人都认同并践行的价值观。这里，我给大家分享两个具体的故事。

有一位在美国工作生活了多年的老师跟家人一起回到国内发展，在光华负责海外拓展业务，工作表现令人满意。但是一年半后她突然提出离职，沟通后了解到是因为她孩子需要每周花两天时间去医院治疗，考虑到不可能长期请假，她不得已提出了辞职。这样的情况公司当然想提供帮助解决难题，结果是请她以兼职形式继续为公司工作。两年后，她的孩子完全康复，她又重新回到全职的岗位中来。

还有一位华东师范大学教育管理专业的硕士研究生在其他学校工作了

7年后加入了我们，一直在集团总部负责教学研究。为了更好地用理论结合教学实践，一年前她提出希望能在教学一线开展工作。公司理解她确实是为了把教学研究做得更深入，所以将她调整到杭州和温州校区，让她以副校长的身份各挂职一年，全身心投入教学一线。在这两年间，她不仅在个人的教学研究上取得了更好的成果，而且热心帮助校区领导老师解决了许多实际问题。

在员工个体层面上，我们看到价值观既起到凝聚作用又带来多元的效果。这让我想到同为知识密集型企业的微软，也拥有一大批具有创造性的人才。微软的文化能把那些不喜欢大量规则、组织、计划，强烈反对官僚主义的程序员团结在一起，遵循"组建职能交叉专家小组"的策略准则。授权专业部门自己定义他们的工作，招聘并培训新员工，使工作种类灵活机动，让员工保持独立的思想。专家小组的成员可以在工作中从有经验的人那里学习，没有过时的正式培训项目，没有耍政治手腕、搞官僚主义的风气。经理级人员都非常精干且平易近人，从而使大多数员工认为微软是该行业的最佳工作场所。这种团队文化为员工提供了有趣的不断变化的工作及大量学习和决策的机会。

相对其他行业，教育所面临的外在竞争较小，其发展更大程度上出于我们自身的创新驱动力。光华虽经历许多波折，但未遭遇深陷泥潭的困境，在这种长期温和的环境下，员工难免会出现在舒适圈里原地打转的情况。"为什么要教育创新？""我用老办法也教出了那么多优秀的学生。"要让我们的管理层和一线员工认同、理解我们的文化创新，难点正在于价值观和思维习惯的转变。

当然，也正因如此，我们更需要加强推广，宣导全新的文化理念，通过不断地培训让集团范围内全体员工把"创新"二字牢记于心。不少企业在文化建设中往往停留在口号、标语阶段，并没有抓住精髓，企业文化没有为员工所普遍接受并作为日常行为的基本准则，容易出现行为和理念脱节、文化流于形式。而我们在新员工第一天入职时，不仅告诉他们怎样达成业务目标、提升业务能力，也把我们创新的文化系统地介绍给他们，真正让新文化深入人心。

共创未来

光华的创新不只是在业务上开拓教育新市场、开发课程新产品，更强调以创新的观念、思维来指导总体行动，用新的视角观察未来教育发展的可能性。除了品牌标识、办公室标语等外在的文化表现，我们更注重文化创新隐形的部分。有的企业管理者称呼这种企业文化理念为"经营哲学"，但对于光华这家教育机构，我个人更喜爱"诗学"这样的表达。我们不仅用创新的观念调整对经营关系、社会关系的理性看法，也鼓励用创新呼唤出更多的感性精神，就像写一首诗歌需要无限的创造力和源源不断的灵感。

把新文化"倾倒进"员工脑海里，这无疑是我们所反对的填鸭式教育。我们要循序渐进地让创新的思维自然而然地融入大家的工作和生活场景中，让每个光华人呼吸到创新文化的"空气"。我们通过建立创新机制和奖励制度，鼓励员工参与创新实践，并不断改进管理方式，让员工将这些文化烙刻在思维习惯和日常行为准则中。自觉用创新的方法解决教育上的问题，新文化的落地工作就变得容易起来。

很多企业表示要让员工与公司共赢，但是这个美好的愿望并不容易实现。光华长期以来也是带着这个美好的愿望来构思如何做到员工与公司共成长，让员工共享经营成果。

光华不拘一格的用人理念促成了光华启迪、光华好奇等项目的诞生和成长。光华启迪的现任总经理是原集团公共关系部的部长，当年我们有了点创办新业务的思路，这位年仅30岁的部长表示很有兴趣参与创办，公司虽然担心她没有任何业务经验，但很看好年轻人的热情和潜力，决定放手让她干。如今光华启迪的发展规模、升学成果以及业内口碑都让我们庆幸当年的大胆决定。

我们把创新作为新文化的核心，初衷是用一种普遍化的信念把光华人的精神凝聚起来，从而并肩走在同一个教育梦想的道路上。落实创新文化并不意味着强制性的统一行动,我们从不要求集团下设的部门、员工步调完全一致,反而呼唤更多的创新可能性。

光华下属的学校各具特色,呈现不同的文化面貌,这点从各校区不同的校训中就可以体现,比如国际高中强调开放和独立,中小学注重求真和德育,而幼儿园更突出童真童趣。而且光华的校长们都是资深的一线教育工作者、管理者,他们对教育创新都有各自的见解,对待同样的工作问题有不同的解决路径。大家都以创新作为教育发展的精神引领,但在具体实践中又表现出文化的多元性,我认为这才是创新真正的内涵。

第十六章

创新畅想曲

15年栉风沐雨,光华现在站到了科技变革和教育创新的新起点上。基于对新时代的思考,我在此与大家分享一下对于未来的畅想,这既是光华人下一个15年的探索方向,也希望唤起更多的教育同仁的思考,一起展望未来教育的无限可能。

教育新生态

光华致力于创设的教育新生态,是一个具有创新性和互动性的多元化教育生态系统,我们希望将教育从传统的教室和课堂中解放出来,真正实现教育资源的共享和互动。

理想的教育新生态是以学生为中心、以创新为驱动、以多元化为特征,不断提升学生的综合素质和核心竞争力的教育。这种教育生态不仅注重知识传授和技能培养,更关注学生的创造力、创新思维和实践能力的培养,强调学生在自主学习、协作学习和社交学习中的成长和发展,其目标是培养出具有自主学习能力、探究精神、创新意识和国际视野的高素质人才,推动教育进入一个更加开放、多元、协同和共享的时代。

衔接基础教育与高等教育

作为教育体系中不可分割的两个环节，基础教育和高等教育之间需要一座桥梁来连接。在这座桥梁上，我们可以看到基础教育和高等教育之间的课程和知识相互贯通，基础教育阶段提供了学科基础知识和技能的培养，高等教育阶段则更注重知识的深化和拓展；我们也可以看到人才培养的融合，基础教育的人才培养需适应高等教育的需求，高等教育的人才质量则依靠基础教育的奠基。

这座桥梁，我们可通过课程改革来建设。我们借鉴英国剑桥国际教育的 Pre-U 课程体系，从宏观层面建立"大学前"课程体系，也可以让基础教育学校和高等院校加强合作，开设大学先修课程、跨学科课程，组织高校专业体验等活动，帮助学生适应大学的课程。例如英国的温彻斯特公学开设的课程既有数学、物理、生物等基础性学科，还包括艺术、设计与技术、经济学等应用性学科，部分课程由高水平的高校教师讲授，并与剑桥国际大学先修课程保持一致。[①] 光华目前已经形成了完备的课程体系，既有涉及升学导向的 AP 和 A Level 课程，还构建了包含人文社科、科学工程、体育艺术、金融经济模块的光华书院课程，我们的目标就是让学生的课程与大学课程衔接，培养面向未来的世界公民。

这座桥梁，我们还可通过教学改革来建设。基础教育学校可以在教学中引入"导师制""研讨会""行走课题""课题研究"等高等院校的教学方式，打造无边界的、学生主体导向的课堂。

嫁接国民教育与国际教育

国民教育是指本国范围内的普及教育，旨在提高全民的教育水平，培养人才，以促进国家发展和社会进步。国际教育强调全球化、跨文化和国际化，致力于培养具有国际视野和跨文化交流能力的人才。加强两者的嫁

---

① Curriculum. [EB/OL]. (2018-12-09). http://www.winchestercollege.org/curriculum.

接，主要指在实施国民教育的同时，引进和吸收国际前沿的教育理念，进而提升中国教育的水平，培养面向未来的国际化人才。

当然，加强国民教育与国际教育的嫁接并非一味地崇尚国外教育，而是有选择性地借鉴西方发达国家的某些教育措施。比如国外的人文类课程更重视发散思维和创造性思维的挖掘，而我们还依然停留在"识记""背诵""默写"等教育方式。欧美国家较重视学生的过程性评价和多元评价，而我国还在以中考和高考分数论英雄。基于现有国情，学习他国开放的教育内容及方法，对中国教育改革无疑是有所启发的。光华一直坚持做国际教育事业的动力，并非仅仅让学生收获海外名校的录取通知书，也并非让学生成为"高人一等"的海归或拿到"绿卡"，而是让学生在光华的教育经历中终身受益，使学生未来走出国门，有能力为中国在国际上发出更有力的声音。

对接学校教育与营地教育

中国教育从"庠"到"太学"再到"学堂"，最终形成了以"班级授课制"为典型特征的学校。学校教育是以学科知识为本位的教育，发展至今，评价褒贬不一。值得肯定的是，学校教育可以采取高效率的方式让年轻一代习得必要的知识和技能，推动学生向"社会人"转变。美国的伊万·伊里奇（Ivan Illich）甚至倡导"去学校化社会"（Deschooling Society）。封闭的空间、统一的教材、沉默的学生，这种"同质化""模板式"的教育以相同且单一的标准来推进，生产出了大量的缺乏个性、活力和自主创新能力的"套娃"学生。

要想学校教育发挥主阵地作用，就必须有其他教育形式来弥补其缺陷与不足。光华坚信自然环境的育人作用，因此打造了创新、包容且可持续发展的营地教育，以引导更多人感受自然魅力，收获由内而外的成长。

光华的营地教育是以生活体验为取向的教育，是没有围墙的教室，是没有边界的教育，是一个开放式、网络化的"大学校"。我们倡导教育与真实环境相结合，教材教具和设施设备众多，活动空间大，体验内容丰富，形式多样，是场景式学习、项目式学习和活动型学习的优秀载体。在营地教育中，孩子们可以在自然场景中探索与合作，在动手、动脑和交往中迸发创意的火苗、孕育友谊的种子。相对于学校教育和家庭教育而言，营地教育的独特优势在于提升学生的创新能力和社会责任感、普及科学技术、培养文艺体育素养、锻炼劳动技能和养成习惯，这与中国的第八次课程改革的理念相契合，即"要以培养全面发展的人为核心，培养人文底蕴、科学精神、学会学习、健康生活、责任担当、实践创新这六大素养"[①]。总之，营地教育实现了对传统校外基地教育的超越与重构，与学校教育相辅相成，促进了学生全面发展。

贯通学历教育与终身教育

在当今社会，学习、工作和生活对个体成长而言就是相互融入、促进、提高的过程。学历教育是指受教育者经过国家教育考试或者国家规定的其他入学方式，进入国家有关部门批准的学校或者其他教育机构学习，获得国家承认的学历证书的教育形式。终身教育则是覆盖个体一生和囊括所有正规教育、非正规教育和非正式学习的系统。

有研究表明，一个人的学习能力不仅和智商、受教育程度有关，更与他的学习方式息息相关。把学习作为一种追求、一种爱好、一种生活方式的人，更能在学习中享受人生的从容和乐趣，也更容易提升学习能力。所以，我们第一个要掌握的就是把学习作为一种生活方式，融入生命中的每一个阶段，把它变成一种高度的意识自觉和行动自觉。

终身学习已不仅仅是为了适应职业多变的需求，更是为了维护人的尊严、发掘人的潜能、发挥人的力量、发展人的主体性和个性，使人有能力去实践、去实现自己的价值、去创造更美好的世界，当然，也是为了更为深刻和深入地体验生活。

---

① 核心素养研究课题组. 中国学生发展核心素养［J］. 中国教育学刊, 2016（10）: 1-3.

学历教育和终身教育的贯通是应对全球化和技术变革挑战的策略，也是促进人类发展和社会进步的重要手段。在我看来，学历教育与终身教育并非割裂的关系，而是部分与整体的关系：学历教育是终身教育的起点，主要为个人提供基础知识和技能，帮助个体形成终身学习的能力；终身教育则是学历教育的延续与发展，是个人不断提高自身职业技能和素质的过程。

融合传统教育与创新教育

沿用至今的教育体系仍带着工业时代的烙印，弊端重重。譬如我们规定同一批学生使用一样的教材，开展同样的教学方式，进行同样的考评。我们强调学生要听从指挥，遵循规定。处在这种标准化学习系统中的学生容易缺乏自主性和创新力。在我们还无法完全回避传统教育的今天，加强其与创新教育的融合迫在眉睫。

所谓创新教育，指的是以创新型人才培养为目的的教育教学活动。从实质上看，创新教育是一种以开创性个性为培养目标，以人的综合素质的全面开发为基础，以提升个体生命质量为宗旨，全面提高民族素质和竞争力的教育。创新教育的内涵包含创新精神、创新能力和创新人格的教育。[1]

传统教育与创新教育的有机融合，包括教育内容、教育方式和教育评价等方面。我们要更注重实践能力和创新思维的培养，鼓励学生在解决真实问题的过程中掌握和运用知识和技能，培养解决问题和创新的能力；更注重学生的自主学习和探究合作；更注重学生的综合素质和能力。

总之，在理想的教育生态中，各种教育形式和层次之间实现了有效的衔接、贯通和融合。基础教育与高等教育的紧密衔接可以让学生获得扎实的知识和技能基础，提前接触大学先修课程，体验自由、开放的教学方式和学习方式，这不仅有助于学生拓宽知识面、激发求知的内在动力，更有助于学生顺利完成教育阶段的转换；国民教育与国际教育的嫁接可以让学生接受中西融合的教育，接触和学习不同国家和地区的文化、语言、习俗

---

[1] 顾明远. 国际教育新理念［M］. 北京：教育科学出版社，2020：90，93.

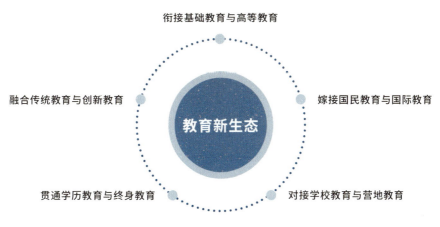

光华致力于创设的教育新生态

和思想,这无疑会拓宽学生的视野、提高国际竞争力和跨文化交际能力,使他们更具备在全球化时代生存和发展的能力;学校教育与营地教育的对接可以让学生既接受"学科本位"的教育,又接受"生活经验本位"的教育,学生既能获得知识和技能,又能够在户外环境探索、创造,从而解决真实问题,成为真正具备核心素养的人;学历教育与终身教育的贯通让学生的未来不再受制于学位,而是能够持续地燃烧自己的学习激情;传统教育与创新教育的融合让学生既能通过讲授法等方式积累基础,也可以在STEAM教育、跨学科教育中感受个性教育的魅力,习得创新思维和实践能力。

我们期待更多学生沐浴在融合东西方文化、传统与现代、室内与室外的全生命周期式的教育中,不仅从中获得扎实的知识和技能基础,还可以提前接触大学先修课程,体验自由、开放的教学方式,进而拓宽知识面,激发求知的内在动力。

AIGC 时代的超级学校

在未来的教育中,超级学校会随着 AIGC 时代的发展而不断涌现。超级学校并非指规模巨大的学校,而是一种与城市融合的无边界学校,一种开放式的学习中心，一种集合学习、生活、资源共享的综合体。

教育全场景的变革

当我写下这段文字时，ChatGPT-3.5 对话式 AI 已经风靡各行各业，特别是虚拟人、数字场景、艺术设计等领域，就连一向慢节奏的教育行业也感受到其强大威力。无论是否认同这一技术带来的影响，我们都已然身处 AIGC 时代。Open AI 已经改变了知识获取、积累、传播的模式，从文本到图像再到视频，ChatGPT 用不断迭代的版本为我们带来不断升级的交互人机体验。

人工智能的发展对智能化、个性化教育提供了极大助益，比如 ChatGPT 就可以及时回答学生的常见疑问，有助于学生自主学习，也减轻了老师的工作量。这些微观的变化是我们身处教育一线可知可感的，新的教学设备已经采购并应用到现有的课堂中，技术也正在逐步影响我们的教学和评价的情境。

我个人判断，AIGC 时代才刚刚开始，我们对人工智能的运用还是一种初期的技术工具的叠加；而未来的教育将会有全场景的变革，学校将不断向超级学校演进。

AIGC 时代的超级学校意味着教学场景的拓展。

目前的学校课堂还只是基于一栋栋楼宇或一间间教室，伴随 AIGC 内容的升级，无限的虚拟空间将串联起更多文化教育场景，从而突破现有空间的局限，创造出更为灵活多变的课堂环境。与之相对应，教学内容、教学方法、组织方式，以及师生关系都变得灵活起来，可以满足个性化、多样化的学习需求。进一步来说，随着 AI 技术在图像、音乐、视频等多个层面的成熟应用，我们可能会在不远的将来迎来"教育元宇宙"。甚至教育将会扫清技术屏障，就像现在用某些 App 创作短视频一样简单，可能每个人根据自己的需求创造自己的"元宇宙"。到那时，教育就不再是一个知识集中的线下场景，我们将处在一个开放的、多元的学习综合体中。

与此同时，AIGC 对未来人才的要求反作用于现有学习空间的优化进程。

人工智能提升的是全人类的文明，把人从重复性的劳作中解放出来，而只靠单纯的知识灌输怎么能让孩子们跟得上这一文明进程？AIGC 已经对教育发出了挑战——我们要培育的人才要长期适应与人工智能共存的生活、与机器协同办公的工作。因此，我们需要贯彻终身教育，保持自身和最新的技术对话的能力，有意识地培养学生的创新思维和创造力，使其具有 AIGC 时代学习者的必备素养。为了应对这一挑战，我们的学校、我们的教育不可能安于现状。从现在开始，教育场景就要向跨学科、跨学校、跨国界敞开，让学生们走出学校课堂的围城，去真实地体验这个瞬息万变的社会。

所以，即便教育变革有些缓慢，但我相信 AIGC 时代下创新的超级学校必然会到来。

理想中的超级学校

经济合作与发展组织的报告《回到教育的未来：关于学校教育的四种图景》以及中国教育部发布的《"未来路线图"实验学校发展指南 1.0》均指出，未来理想的教育生态需要在高维度的学习空间中展开，学校将不只是一个简单的教室或学校，而是一个更加复杂和多维的学习空间。这个学习空间将充分利用现代技术，打破学校与社会的界限，为个人提供更加开放、灵活和个性化的学习体验。

光华近几年新建的学校已不仅仅是传统意义上的学校，我们致力于打造的正是这样高维度的学习空间：在这里，我们无须奔赴远方，就能获取各种资源；在这里，我们的学习、工作、生活同时得到满足；在这里，我们连接世界，而世界也属于我们；在这里，参与者不再是简单的老师-同学（Teachers-students）关系，而是逐渐演变为学习伙伴（Learnmates）关系，如果未来与产业嫁接更为紧密，那么在这里老师、学生、产业代表即所有一起研究和学习的人都可以成为创新伙伴（Innomates）。

这，就是我理想中的超级学校。

在我看来，超级学校的本质是一种更加开放和社区化的未来学习中心，它在理想情境下甚至没有固定的空间载体。学习将不再囿于具体的教室或是课桌，混合学习、实践调研学习将成为重要的学习形态。学习虽然是一项由教育专业人员指导的全天活动，但不一定总是在教室和学校范围内进行，而是可以根据学习者的具体需求发生在任何空间和任何时刻。

理想中的超级学校的精髓在于它是 AIGC 时代下数字化和信息化的典范，构建了由人工智能—教师—学习者形成的三维模型。它可以在人工智能、互联网平台、虚拟现实技术、5G、云计算、大数据和区块链等技术的帮助下融合数字空间与实体空间，远程串联起学校、家庭、教室、校外教育机构、实践教育基地、自然教育基地、博物馆、图书馆等教育场所。

因此，我坚信未来的超级学校将引领着教育的变革与创新，促进学生的全面发展。传统的教学模式中，学生需要在固定的教室和时间里接受统一的教育。但是，在超级学校，数字化、信息化、智能化等技术的发展和应用，让学生可以利用丰富的数字资源和互联网平台获取知识，进行个性化的学习。

同时，超级学校也将促进教育与社会、产业、科技等领域的深度融合，构建学习型社会。在这一空间里，学校与社会深度融合，各种产业、组织、社区共同为学生提供更加优质、多元化的学习体验和学习内容；而超级学校也将吸引学生、教师、家长、社区居民、各种专业人士前来学习与交流，成为知识分享的共同平台。

城市文化新名片

既然未来的超级学校将成为一个集合学习、生活和资源共享的超级综合体，成为全新教育的代表，则其必然将与中国城市的更新发展紧密结合，成为城市文化的新名片。

无边界的校园——这是对超级学校办学格局的形容，超级学校除了地图上的校址外，还分散于城市的公共设施中，例如城市的书吧和咖啡店、图书馆都将是小型化的学校。

教育资源的集聚地——学校吸引了大量的师生群体，形成了一个知识和智慧的聚集地。在这里，师生们交流学术思想，分享文化经验，形成了城市独有的文化氛围。

培养人才的重要基地——学校在办学的过程中吸纳了城市的资源和文化，相应也承担了为城市培养未来的各个领域优秀人才的任务。例如中国北上广深这几个超一线城市的高校毕业生留在当地的比例较高，可见学校为城市的发展提供了源源不断的人才支持。

文化交流的平台——学生和教师来自不同的地区和文化背景，他们之间的交流和互动促进了文化的多元化交融。同时，学校还承担了许多城市文化活动的举办和承办任务，如书展、文艺汇演、科技展览等，这些活动将会成为城市文化的新亮点。

城市形象的展示——超级学校在汲取了城市所赋予的养分后，形成了与城市文化相融的办学特色，是城市的典型展示窗口。而优秀的超级学校则可以吸引更多的学生和教师来到城市，推动城市的发展和进步。

无边界的校园　　教育资源的聚集地　　培养人才的重要基地　　文化交流的平台　　城市形象的展示

未来的超级学校与城市

总之，超级学校未来将与城市文化深度融合。它在城市的沃土中生长，吸纳着城市的人文底蕴、乡土人情；同时，它以开放的教育场景散布于城市的大街小巷，为城市的发展锦上添花。作为城市文化的新名片，超级学校不仅是城市文化的重要组成部分，也是城市文明的标志之一。它承担着促进城市文化发展和进步的社会责任和历史使命，将成为每个城市最重要的未来学习中心、生活进阶场所、文化新地标和城市发展的新引擎。

在大地上写诗

奇点

"奇点"（Singularity）一词在不同学科中有其不同的内涵。数学中，奇点表示一个超越了任何限制的值；天体物理学中，奇点是大爆炸宇宙论所追溯的宇宙演化的起点，或者黑洞中心的点，具有一系列奇异的性质，以及无限大的物质密度、无限弯曲的时空和无限趋近于 0 的熵值等。

加州理工学院物理学教授吉普·索恩（Kip Thorne）把量子奇点说成是引力将空间和时间彼此分离的地方，然后将时间概念和空间明确性一一破坏，留下来的是一个任何东西都可能从中出现的"量子泡沫"。奇点，尤其是与自转黑洞和裸奇点相关联的奇点，甚至可以实现时间旅行。

而在计算机和人工智能领域，约翰·冯·诺伊曼（John von Neumann）第一次提出"奇点"，并把它表述为一种可以撕裂人类历史结构的能力。随着互联网技术的发展，越来越多的极客们爱用奇点这个词。美国的未来学家雷·库兹韦尔（Ray Kurzweil）将这一概念引入人工智能领域且使其广为人知。

《连线》杂志创始人凯文·凯利（Kevin Kelly）在对雷·库兹韦尔的著作《奇点临近》的书评中提出了不为人知的崭新观点：在过去 100 万年发生的改变，在未来只需要 5 分钟的时间……库兹韦尔甚至认为，人类正在接近一个计算机智能化的时刻，计算机不仅变得聪明而且比人类更聪明。届时，人类（身体、头脑、文明）将发生彻底且不可逆转的改变。他认为，这一刻不仅不可避免，而且迫在眉睫。根据他的计算，纯粹的人类文明（"人类纯文明"）的终结是在 2045 年。

先不论库兹韦尔的极限观点是否会在 2045 年实现，但世界的巨大变化还是初露端倪了，特别是 ChatGPT 横空出世以后，我们无疑身处 AIGC 新时代，学习的方式必将迎来巨大的变化，教育革命的"奇点"时刻必将来临。

拥抱创新

2023年元旦佳节来临之际，我在光华的官网上发布了一篇新年的致辞，题目是《创新改变未来》。

这篇致辞是我有感而发的。在过去的三年中，我们每一个人都置身于时代风云变幻之中，个人、家庭、事业，乃至国家、民族、世界都在经历变化。疫情的"大考"持续三年，每一个行业都不容易，"不确定性"或许是相当长一段时间的生活主题，但也正因为这些"不确定"，我们更加珍惜身边每一个人、每一段时光、每一处风景、每一份事业。我们更愿意去合作、去改变，更相信创新才是打破桎梏和迈向未来的钥匙。

让我感到幸运的是，光华致力于创新的努力经受住了时代的考验：2022年，光华上海校区共有18名应届学子最终入读"牛剑"（牛津大学7人，剑桥大学11人），217人入读G5名校（剑桥大学、牛津大学、帝国理工学院、伦敦大学学院和伦敦政治经济学院的并称），55人入读香港大学；在美国方向、艺术专业方向申请的"质"与"量"也继续增长，保持着全国领先的升学成绩。光华为未来中国培养创新人才、成就每一名年轻人做"最好的自己"的初心也从未改变。

但更让我感到高兴的是，在这些数字背后，是每一个年轻人张扬的个性与自主的选择，是每一个拥抱世界的梦想实现，是每一段走向未来的旅程启行——除了光华传统的数学、物理、化学、工程等优势学科外，越来越多的孩子开始攻读世界顶尖名校的人文、历史、政治专业，在艺术设计、音乐、戏剧表演等院校与专业中也有光华学子的身影；而在校园生活中，我们的学生社团数以百计，学生们自己举办了音乐节、艺术节，在国际数学、物理、化学等竞赛上斩金夺银，在棒球、帆船、篮球、排球等多项青少年联赛项目上包揽奖牌。

我们的创新来源于每一名年轻人的梦想，我们的创新之举正是呵护他们勇敢地追求梦想，而我们对创新的坚持不懈正源于我们始终相信并实现着的梦想。基于此，在国际上多个2023年全球最具教育竞争力国际学校百强榜上，我们与英、美的知名学校一同登榜。

我特别感恩能遇到一批教育界的同仁，大家一起为了教育改革前赴后继，四处奔走，哪怕历经风雨也不断探索的努力。

因为在这片大地上，教育永远都有一线曙光，甚至有无限可能。

光华一直在关注着大学的创新与演变，我认为，大学变革的"奇点"或许已经先于中小学校到来了。这个判断取决于三个因素：一是在越来越细分的社会分工环境下，大学生相比中小学生更加需要学习研究的主动性以及与社会各行各业的交流，这也意味着无论从办学形式还是技术手段上，大学都在变得更加开放；二是大学的办学成本远远高于中小学校，而大学的智力资源却未能得到高效的利用；三是无论是应用型学科还是基础研究，大学的教学组织形式都需要变革，未来的大学需要对标科技驱动下创新型企业，更加强调学科交叉与社会实践。

外部环境的变化与挑战，让我们意识到只有与时俱进、不断创新才能生存下去，保持基业长青。光华集团屡次强调"创新教育"，2022 年，围绕光华已有的核心业务，光华的创新项目陆续落地生根，创新将驱动和引领光华走向更美好的未来。

光华下一个 15 年

"21 世纪前 25 年，何谓'受过良好教育的人'？"这是哈佛文理学院院长威廉·科比（William C. Kirby）在 2003 年一次通识教育改革会议上提出的第一个问题。当一所走过了近 400 年历史的大学回头审视自我时，这是一个最简单却也最难回答的问题。

当下，互联网、大数据、人工智能等新技术不断普及，"AIGC+ 教育"革命正在发生，越来越多人对教育与成就自我的理解更加多元化。因此，我们很难用过去千百年传承下来的经验去定义一个现代人如何才算"受过良好教育"。

世界经济论坛在 2016 年发布的《教育的新愿景：通过技术培育社会和情感学习》报告中倡导，把人的社会性和情感教育置于应对新工业革命的高度，包括批判性思维、创造力、沟通能力、合作能力4种胜任力，以及好奇心、首创精神、坚毅、适应力、领导力、社会文化意识6种个性品质。[①] 而教育要做的，就是赋予个体实现这些可能的信心与能力。

光华十周年时，我们曾有上市计划，曾有在中国创办100所学校的梦想，但相比这些，此刻的梦想更加让我们激动，我们不再单纯关注效益和规模。一个曙光，一个越发明亮的憧憬开始进入光华人的未来战略规划。我们相信，经过多年的探索，光华找到了比当初把上市当作里程碑更有意义的未来，那就是——创新。

我们更加坚信"教育改变未来"的信念，在这片大地上，教育不改革，国家就不会有更美好的明天。可喜的是，从国家领导层到普通百姓，都越来越关注教育的本质。

尽管遭遇三年疫情，我们一刻也没有停止过对教育本质的思考，没有停止过对教育未来的追求，我们用汗水、用勇气、用创新抒写着不同风格的诗篇。我们每天见到的，是一批对教育有着热忱与激情的教职员工，是一批在光华的教学文化与校园氛围中自由成长的孩子，是心中挂念着母校的校友，是许多将我们作为榜样的同行。光华要发展，不仅是为了我们自己所追求的教育理想，也是为了回应许多人的信任与希望。

不可否认的是，民办教育的发展仍然面临着诸多挑战。在严格的监管政策下，光华的未来之路通向何方，我们的思考既审慎也乐观。即将过15岁生日的光华，比以往任何时候都更有信心去面对下一个15年，更有勇气面对不确定，更有激情去拥抱创新，更有壮志去创造未来。

展望下一个15年，我们将全力以赴把理想中的教育变为现实，着力创设更加开放、多元、协同和共享的教育新生态，努力打造未来的超级学校。

我们从中国以及世界各地挑选有前途、充满热情的学生，激励他们拥抱创新，为改变未来而学习，挑战自我，成就自我，做最好的自己。

[①] 详见 World Economic Forum. New Vision for Education: Fostering Social and Emotional Learning through Technology[C]. Geneva, Switzerland, 2016。

在我们心中已勾勒出了一幅未来教育的美好蓝图：未来的教育是全生态、全生命周期的教育，是无边界的教育；未来的学校是一个打通时间、空间系统且打破围墙的多维场所，是让学生自由获取资源，实现有效学习、美好生活的场所。

但是，仅有对未来教育的描绘还不足以从根本上解决教育问题。我们在探索和借鉴其他国家的成功经验时，必须结合自身的国情和特点，寻找适合中国的教育发展模式和教育改革方案，在脚下的大地上写出适合中国教育改革的壮丽诗篇。

我们将践行新的使命：

勇于探索，拥抱创新，力争成为教育变革的领航者；

汇聚精英，专家办学，成为优秀人才实现抱负的舞台；

注重每个学生的成长，塑造学生的品格，为未来世界培养领军人物和栋梁之材。

在不远的未来，光华教育集团将与世界知名国际学校发起设立一项全球创新教育联盟（Association of International Creative Education, AICE），努力践行"让教育成就更美好的未来"的教育梦想，倡导教育创新是通向更加和平与美好世界的途径，激励更多社会有识之士成为积极变革的推动者。

光华将一直在这片大地上写诗，诗歌的配乐就是我们自己谱写的"创新畅想曲"！

附录一

2008—2023 年光华成长之路

2008 年

■ 上海光华进修学院经上海市教育管理机构正式批准成立，同期注册成立光华第一个剑桥国际中心。

2009 年

■ 光华控江开学，光华第一届学生入学；
■ 光华第一届学生会、家委会成立。

2010 年

■ 学生杂志《光华追梦》(今《光华人》) 首期创刊；
■ 光华首届学生收获剑桥大学、帝国理工学院、多伦多大学等高校预录取。

2011 年

■ 光华首届 11 名学生毕业，均被海外知名院校录取；
■ 光华复旦（今光华剑桥）开学，获批成为剑桥国际考试中心。

2012 年

- 光华海外留学校友筹备成立光华校友会；
- 光华控江、光华复旦校区学生总数突破 400 人。

2013 年

- 光华教育集团总部迁址至上海市杨浦区国定路 400 号（复旦大学新闻学院内）；
- 第一届光华校友联谊酒会暨光华校友会成立倡议会在上海举办；
- 光华慈善艺术节暨光华成立五周年庆典活动在杨浦大剧院开幕；
- 启动"光华 5+2 工程"文化建设项目；
- 光华海外办公室启用。

2014 年

- 上海光华中学获批成立，开始 K12 教育全领域布局，同年获得美国大学理事会 AP 学校授权；
- 光华英国校友会正式成立，光华首个正式海外校友组织诞生；
- 光华控江迁入新校园，并更名为光华浦东。

2015 年

- 光华启迪国际课程学习中心在上海成立；
- 盐城外国语学校开学；
- 上海民办光华中学迎来第一届学生；
- 光华首套国际教育专业系列丛书"做最好的自己"开始陆续出版；
- 光华承办中国华东区首届国际学校莎士比亚艺术节，上海中学国际部、光华剑桥、光华浦东分列冠亚季军。

2016 年

- 与平和教育集团签署合作办学协议；

- 与上海美帆游艇俱乐部达成战略合作，聚力助推素质教育；
- 荣获"2016年度品牌影响力教育集团"称号。

2017年

- 光华 K12 全国布局加快，与杭州市、天津市、常州市、盐城市大丰区等地先后签订合作办学协议；
- 光华校友总会在上海成立；
- 上海光华学院美高校区（简称光华美高）成立，并于2018年9月获美国大学理事会授权；
- 与剑桥大学国际考评部成为高级战略合作伙伴，签署合作备忘录；
- 集团获C轮投资。

2018年

- 光华大丰、光华天津、光华常州学校启动建设；
- 《国际学校在中国：培养具备全球竞争力的学生》（鲁育宗主编）和"光华启迪·批判性思维译丛"获国家出版基金支持；
- 光华教育集团在盐城捐资500万元设立"光华助学基金"；
- 光华剑桥与光华浦东合并，组建全新的光华剑桥；
- 与英国圣爱德华中学达成战略合作；
- "因你而光华"光华教育集团十周年庆典在复旦大学相辉堂举办。

2019年

- 光华教育集团与腾讯签订数字校园战略合作协议；
- 天津市天外大附属北辰光华外国语学校首届开学典礼举行；
- 光华教育集团夏季研讨会在杭州举办。

2020年

- 光华教育集团与平安、金茂地产、悦达等投资集团签订战略合作协议；
- 大丰"新教育学人图书馆"揭牌仪式举行。

2021 年

- 光华教育集团与华润置地签订战略合作协议，在国际教育营地、教育综合体、未来智慧城等方向开展深入合作；
- 光华教育集团与致达教育集团基于高端国际化教育以及文化、科技相关领域的战略共识开展全面合作；
- 光华教育发展基金会注册成立；
- 光华捐资 1 000 万元，设立"同济大学光华教育创新基金"，启动"同济学人图书馆"项目；
- 光华教育集团与集思学院达成战略合作，共建学习型社区。

2022 年

- 光华好奇、光华营地两大创新板块业务落地，光华好奇创新实验室获教育部中国成人教育协会颁发的"终身学习品牌项目"；
- 光华教育集团与华东师范大学教育管理学系达成战略合作；
- 温州光华学校、光华启迪淀山湖校区启用；
- 光华教育集团主题曲《日月光华》正式发布。

2023 年

- 光华教育集团 15 周年，发布光华未来 15 年的发展规划《创新畅想曲》；
- 光华创新实验室正式启用；
- 上海、盐城等地光华系学校开办国内高中课程教育；
- 《因你而光华：创新教育的探索与畅想》出版；
- 19 名学子入读牛津大学、剑桥大学，15 年来光华总计培养超过 120 名学子进入牛津大学、剑桥大学深造；
- 《2023 年光华教育集团社会责任报告》发布。

附录二

《2023年光华教育集团社会责任报告》

一、光华教育集团社会责任

教育是改变未来的事业，改变教育就是改变未来，这就是光华的梦想和光华正全力以赴的事业。光华以创新教育为核心，通过引进国际公认的优秀课程体系、先进的教育方法，开发适合中国国情的多元课程体系，满足中国社会需求，培养国家未来的社会精英。

光华教育集团自成立以来，始终将履行社会责任作为重要工作内容，并将"公民意识、创新精神、全球意识"作为教育宗旨。光华致力于构筑这样的一个精神家园：她是人类千秋万代知识与智慧得以延续与升华的心灵城邦，让青年健康快乐成长，成就他们正直与独立的人格，使他们成为理想主义的守护神和正能量的传播者。

集团在教育政策的历次调整中探索前行，筚路蓝缕，初心不改，从15年前的一所学校11名学生，不断发展壮大，目前旗下有逾十所国际化学校和双语学校，服务逾万名学生，培养了大批学子进入世界一流大学和国内知名大学就读，形成了良好的社会影响力。

我们关注人才的培养，建立了完善的薪酬福利制度，积极组织开展员工培训工作，关注每一位员工的生活，尊重每一位员工的付出，珍惜每一位员工的才华。为了回馈社会，光华教育集团始终坚持公益事业，积极参加社会公益活动，与社会各界爱心人士一同携手，以多样的形式持续助力爱心事业的发展，担负行业社会责任。

汇聚人才，教育兴邦，这是光华的出发点，也是我们每一刻都必须牢记的座右铭。创新、执着、共赢，这是光华的经营理念，也希望它可以照亮光华的梦想和道路。

二、企业概况

光华教育集团发轫于 2008 年 8 月 8 日成立的上海光华学院，以创新教育为核心，旗下拥有多个知名国际学校、创新教育机构与教育研究中心等发展平台，是一家集教育投资、教育研究、教育服务于一体的综合性教育集团。光华教育立足中国，面向全球，不断追求卓越，立志打造一个领先的创新教育旗舰。

自创办以来，集中了一批优秀的中外籍专业人士，在教学中对中西教育的不同优势予以融会贯通、发扬光大，给光华品牌带来更广泛的社会影响。集团旗下国际高中升学成果优异，升入牛津大学、剑桥大学的毕业生人数连续七年位居中国大陆前三位。

光华教育集团对中西教育的特点和优缺点有深刻理解，具有丰富的国际教育、教学经验，正以更开阔的视野和胸襟、更科学的教学和管理，立足创新教育事业，开展更广泛的教育项目和国际合作教育项目，为社会服务。

社会责任正在被越来越多的企业所重视，基业长青的杰出企业，无不以社会责任为己任，在创造商业效益的同时，深耕社会公益，努力回馈社会。光华自成立以来，就一直积极履行社会责任。我们通过培育面向未来的创新型人才，为中国未来的强盛而努力。

- 创新

创新是光华保持前进的动力，我们鼓励创新，支持创新。在这样一个科技进步日新月异、经济社会快速发展的知识时代，任何一个企业要想发展和保持自身的竞争力，就必须不断学习、不断创新。光华以引领创新教育发展为己任，在教育模式、服务内容等各个方面倡导创新，支持创新。光华的发展是一个不断创新的结果，只有勇于接受新事物、新知识和新变化，保持团队的活力和进取精神，才能生存发展，才能在创新教育产业发展潮流中激流勇进，成为具有影响力的教育品牌。

- **执着**

执着是光华事业发展的基石。光华的每一项成绩都来之不易，靠的是全体光华人的执着坚守。光华从事的是教育行业，教育本身是一个孜孜不倦求真的过程，需要坚持不懈才能开花结果，才能桃李满天下。任何成功都不是速成的，也不是偶然的。执着是每个企业和个人成功的必备条件，要成为具有影响力的创新教育品牌，光华必须抓住每一次发展的机遇，克服可能存在的任何困难，以执着敬业的精神完成每一阶段的任务，最终实现最高愿景。

- **共赢**

合作共赢是光华始终追求的目标。教育是阳光下的产业，光华的成长离不开每一位教职员工的辛勤付出，离不开合作伙伴的鼎力协助，离不开家长、学生的支持信任，离不开社会大众的宽容爱护。

光华尊重每一位员工。坚持职业化、专业化，宽严并举，把企业利益与员工发展相结合。光华重视每一位学生，每个学生都是重要的，学生的成功就是光华的成功。光华珍惜每一个合作伙伴，秉承共同发展的合作理念，共创美好未来。光华铭记所有的友好与帮助，铭记每一个光华人的努力与付出，努力承担企业的社会责任，回馈社会，和谐发展，共生共赢。

三、责任管理

（一）公司治理

光华教育集团根据相关政策法规不断完善治理结构，提高治理水平，健全落实股东、董事会、监事会各自的职责和工作程序。董事会是集团的核心决策机构，董事会中独立董事占 1/3，董事会设立战略、审计、薪酬与考核、提名等多个专门委员会，就专业性事项向董事会提供规范建议，从不同层面监管集团各项事务。董事会负责公司社会责任整体策略和汇报事宜，参与评估，厘定相关风险。集团围绕企业社会责任管理工作，形成了由牵头部门、总部各部门以及各校区/下属机构组成的工作小组，小组成员有明确的工作职责。各层级各司其职，上下联动，共同推进社会责任管理工作。

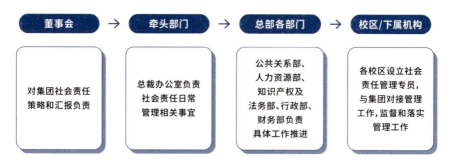

光华教育集团的社会责任管理架构

（二）合规运营与风险管理

作为一家综合性的创新教育集团，光华的利益相关方众多，其中包括：政府、员工、学生和家长、业务合作伙伴、社区等，集团高度重视各利益相关方的关切和利益诉求，他们的信任与支持是集团赖以生存和发展的基础，兼顾各利益相关方之间的关系是我们履行社会责任的重要内容。

首先，光华通过参与各公司及办学主体的董事会，监督、完善本集团的管理工作，确保相应的工作符合国家及行业要求；其次，集团设置知识产权及法务部，形成集团规范管理的标准化文件，通过5+2管理体系（"5个一流管理标准"即管理制度、品牌文化、校园设计、人才建设、IP运营，"2个支撑机制"即合伙人机制、资本运营机制）实施集团和校区的规范化管理，同时，光华聘请多家在教育行业经验丰富的知名律师事务所对旗下公司及办学主体进行定期合规检查，确保集团各运营主体严格遵守国家及地方的各项法律法规及行业标准；最后，集团的投后管理部门通过各类投后管理工具及投后管理要求，从财务、运营等方面对集团各主体进行风险管理。

光华通过各种方式推进利益相关方参与，重视加强沟通和交流，不断增加透明度，积极履行对各利益相关方的责任。通过集团网站、新媒体账户、内刊等形式不断增加信息沟通，建立和完善公开、透明的沟通机制。

光华与利益相关方的沟通主题与形式表

相关方	沟通主题	沟通形式
政府/监管机构	• 落实行业监管要求 • 落实经营所在地政府及监管机构对企业社会责任的要求	1. 日常管理 2. 交流会议 3. 纳税 4. 法律及合规监管
股东/投资人	• 保障股东权益 • 投资回报 • 信息披露 • 合规经营管理	1. 股东会、董事会 2. 公司财报
教师/员工	• 保障员工权益 • 安全健康的工作环境 • 良好的职业发展平台 • 有竞争力的薪酬待遇	1. 部门会议/教研活动 2. 教师/员工培训交流 3. 教学质量评估 4. 教师/员工绩效考核面谈 5. 劳动合同 6. 满意度调查
学生/家长	• 保障教学环境安全 • 提高教学质量 • 关注学生身心健康 • 创新教育体系	1. 学生会 2. 家长会 3. 家委会 4. 宣讲会 5. 校园开放日 6. 校友会
合作伙伴	• 战略合作协议 • 互利互赢 • 异业合作 • 市场定价 • 良性公平竞争	1. 研讨会 2. 上下游合作方式 3. 学生需求定制化发展、多元化合作
公众	• 公益活动 • 社区活动 • 慈善活动	1. 购买援藏（扶贫）援疆产品作为员工福利 2. 组织学生支教活动 3. 参与社区服务和捐赠活动 4. 组织无偿献血活动

续表

相关方	沟通主题	沟通形式
媒体	● 教育动态 ● 学校活动 ● 出版活动	1. 新媒体宣传 2. 官网更新学校动态 3. 出版教育行业系列书籍 4. 参与教育行业论坛、峰会

在信息公开方面，我们本着对学生、家长、员工以及社会高度负责的态度及办事宗旨，坚持做到"对内"以及"对外"的信息公开，积极落实信息公开制度。对内，做到学校事务第一时间通过邮件、微信工作群对教职工公开；对外，学校有专职信息化管理人员或宣传人员，进行校园资讯等内容的更新与维护。

在招生方面，学校招生实施合理的广告宣传，每年招生办负责制定更新年度报考手册，通过公开渠道进行宣传并以校园开放日等形式让学生和家长走进校园，实地了解学校的师资、课程、办学特色、校园文化与生活环境等。通过组织试讲、宣讲会等形式与学生和家长保持友好沟通。

以光华中学为例，学校通过开放日、家长会、家委会等多种形式与家长保持互动沟通。

2023年6月光华中学新生家长见面会

(三)学术诚信与反贪污管理流程

光华根据自身以及合作伙伴剑桥国际等机构的规范要求,将学术诚信与反贪污管理制度融入学校章程,形成依法治校的工作体系。

学术诚信方面,在考试命题、考场组织、阅卷评分、登分、发放专业考试合格证、资料保存等各个环节按照流程有序开展,保证考试的公平、公正、公开,增进学生的学术习惯和操守。

在反贪污管理方面,集团根据中华人民共和国相关法律法规、行政规范和《员工手册》廉洁自律规定,约束和管理员工可能的渎职行为。涉及采购、招投标时,除了保证公开透明的招投标流程,也规定相关负责人必须与供应商签订廉洁协议,把流程规范管理和完整的制度文件作为项目定标的必要保障。

剑桥国际的考试流程示意图

四、员工福利与职业发展

（一）提供全方位保障

企业的发展离不开人才的支撑，人才是光华宝贵的财富。我们除了提供行业富有竞争力的薪酬组合外，也为中外员工制定合适的福利政策，激励和保障员工的发展与福利。除《中华人民共和国劳动法》规定的福利和待遇外，为每一名员工购买商业医疗保险，根据各地的社会保险政策和要求，为员工提供多样化的福利。

为了丰富员工的业余生活、提升团队凝聚力，光华组织集体研学、团建，为各部门提供部门团建资金，还定期在教师节、春节、员工生日、儿童节等组织丰富的员工活动。

光华教育集团员工生日会和团建

为了更好地吸引高素质的人才加入，并使他们能在较长时间内安心、舒心地工作，光华建立了公平的、有竞争力、具有激励机制的薪酬结构和分配体系。

集团建立了健全的绩效考核体系，加强员工的薪酬激励，严格遵循按劳分配与绩效考核并重的原则，为员工提供合理的薪酬待遇，促进劳动关系的和谐稳定，鼓励、调动员工的积极性，激发员工的工作热情，保证企业健康、稳定发展。

光华执行统一规范的入职体检和补充医疗保险制度，按国家法律法规为符合条件的员工缴纳社会保险及公积金，全年社会保险覆盖率达到100%。定期为员工进行体检，邀请专业的医生解读体检报告，建立员工健康安全档案。2022年，集团总部员工体检和健康档案覆盖率为100%。集团积极倡导健康工作理念，营造良好的工作环境和氛围，积极开展健康文体活动，我们也督促下属机构践行相关政策法规的要求。

（二）员工培训与晋升体系

- **国际化教师资格认证与考评晋升体系**

集团旗下各校高度注重教师团队建设，关注教师的专业发展，建立了国际化教师资格认证与考评晋升体系。

2022年8月光华启迪暑期教师培训和教师发展大会

学校提供多元化教师培训，包括假期集中培训、网络课程培训、外聘专家培训、国际交流培训等。此外，通过举行课堂教学展示、学科组长辅导报告等形式，促进教师团队成长。通过和新教育实验、麻省理工学院、华东师范大学等合作，让更多教师参与核心课程研究和教学应用项目。

2023年5月光华创新管理学院第一届财务管理训练营

2023年6月设计思维创新工作坊

2022年12月光华教育集团与字节跳动等公司一起获得AUCA最佳雇主奖

● **合伙人制度**

集团建立事业合伙人制度，邀请认同光华理念的人才共同成就光华事业的发展。对合伙人的支持体现在项目初期的启动资金、人员招聘支持，此外还包括公司报酬、业绩奖励和跟投权利等。

五、关爱师生

(一) 学生身心安全保障

- **加强学生德育教育**

我们加强学生德育教育工作,坚持育人为本,德育为先。通过正面教育来引导人、感化人、激励人。各个校区通过学生喜闻乐见的教育内容和教学方式来塑造人、改变人、发展人。

通过学生行为规范教育,尝试研学行走、营地教育等自然课堂形式,提高学生综合素质,鼓励家长参与学校建设管理,密切家校联系,探寻整合德育教育资源的新途径。

- **建立安全应急制度**

为有效应对突发事件,妥善处置校园安全事故,最大限度地防止和减少意外事故对师生、学校可能造成的危害和损失,保障师生员工的身体健康和生命安全,维护学校正常的教学秩序和校园稳定,我们根据相关法律法规和要求,从集团下属公司和各校区的实际出发,制定了安全应急管理制度,具体包括校园硬件安全管理、校园工程安全管理、应急处置安全管理等方面。

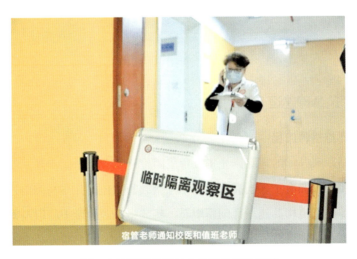

新冠疫情期间学校的公共卫生应急演练

- **完善安全责任督察**

为进一步加强校园安全管理,确保广大师生人身安全、校园和谐稳定,切实创建平安校园,组建安全责任小组,由校领导担任组长,与各部门主要负责老师负责全校的安全督察工作。

此外,定期进行校园安全责任汇报和反馈,对安全事项进行分类管理,提供应急预案。督察组负责人通过听取汇报、查阅资料、察看现场等方式,对机构建设、安保配备、日常安全、消防设施、安全宣传教育等工作逐项进行定期督察。

光华杭州校区进行消防安全演练

(二)师风师德建设

- **严控招聘流程**

遵循专家办学的理念,光华教育集团投资的学校已逐步建立起职业化的领导团队,拥有了一支高水平的中外籍教师队伍。光华与海内外知名高等院校、研究机构共建教育创新中心、研究中心、出版中心以及师资培训中心,志在引进适合中国的教育品牌、课程体系,配套研发适合本土化推广的教育产品与课程模式,培养具备国际视野以及熟悉中国学生特长的教师队伍。同时，光华制定了严格的招聘原则和招聘流程，对集团及下属机构对教职员工的聘用进行管理。

- **师风师德考核处理机制**

教师是人类灵魂的工程师，是人类文明的传承者。根据教育部制定的《新时代中小学教师职业行为十项准则》，我们把师风师德考核和教师行为准则纳入教师招聘、考核的管理中，将教师爱生敬业、教书育人、为人师表等履行教师职业道德规范情况列入教师年度考评内容。完善学生评教机制，研究加强和改进师德建设的政策措施，充分发挥学生会、教职工大会等组织在师德建设中的作用，建立师德师风建设督导机制。

（三）食品安全与营养管理

- **规范作业要求**

食品加工过程遵循食品安全操作规范，加强场所、人员、设施设备和食品安全操作等环节管理，实现"明厨亮灶"监管。加强食堂从业人员的管理，定期开展各类培训，进行工作人员的健康晨检。对食堂的食材实行统一配送，票证齐全，专人负责物品验收入库，一日三餐按要求留足样品，并做留样记录。

光华食堂就餐环境

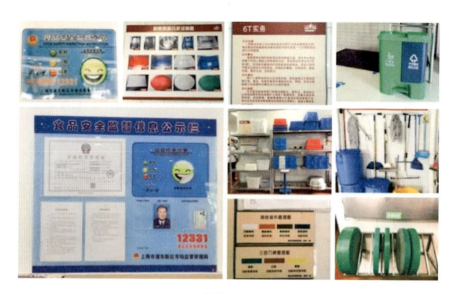

食堂管理公示

- **优化膳食结构**

基于营养师的指导，结合不同阶段学生的生长发育所需，食堂进行营养配餐，有针对性地制定每周食谱，并在学校的微信公众号、官网上进行公开。

- **打造舒适的校园生活环境**

关注校园规划与建设，在宿舍、办公室等空间的设计和装修环节精心打磨，从功能和审美双重维度匹配校园生活的各种场景需求，致力于为师生提供一个舒适、安全的学习环境和良好的办公氛围。

光华启迪学生宿舍

光华天津校区教师公寓

- **畅通投诉建议平台**

在学生身心安全、师风师德建设以及校园食品与营养安全等方面，集团在官网开通了投诉建议邮箱 compliance@ghedu.com。此外，在各个校区通过学生会、校长信箱、家长会等多种渠道，鼓励师生、家长建言献策。人力资源部门每年年末发放匿名的满意度问卷调查，收集员工真实的工作评价与反馈。

六、教育创新服务责任

（一）提供多元化教育机会

教育是百年大计。一方面，教育通过品格的塑造与知识的传授，影响一个人终身的行为；另一方面，教育要同步甚至领先于社会、经济、文化以及科学技术的发展，给人启迪，帮助人们以更科学、更合理的方式推动文明的进步。

在科技发展日新月异的今天，无论对个人还是国家、民族而言，教育需要多元，人才需要多元，这样未来人类社会发展才能创造更多的可能性。光华通过与专业学术组织合作、进行行业论坛交流、支持外籍人员子女教育事业等多种方式提供丰富、多元的教育机会。

- **与剑桥国际考评会等机构的交流合作**

自创办以来，集团正式注册为剑桥国际的考试中心，并获得系列相关资质。2017 年 10 月 25 日，光华教育集团与剑桥国际考试委员会在光华教育集团总部正式签署战略合作协议。

剑桥国际考试委员会全球业务总监珍妮特·莫里斯（Janet Morris）女士、东亚区总监赵静博士、中国大陆华东及台湾高级区域经理黄婉虹女士、中国大陆华东及台湾区域经理时中汇先生，光华教育集团董事会主席鲁育宗先生、副总裁兼上海光华学院院长李正林先生、副总裁兼教育总监章良先生、剑桥华东区联盟首任主席雷冬冬博士以及光华各校长代表、教师代表、媒体等出席。签署战略合作协议后，集团将与剑桥国际在课程研发、教师培训、活动与出版等各方面寻求更广泛的合作。

剑桥卓越学子奖是由剑桥国际评选出的一系列奖项，希望通过这些奖项来更好地鼓励和认可世界各地在剑桥考试中获得杰出成绩的学生们。2023年，9名光华学子斩获剑桥卓越学子奖，在数学、高数、地理、生物、艺术设计、历史和语文等学科获得世界顶尖奖。

2017年与剑桥国际签署战略合作协议

- **支持外籍人员子女教育事业**

集团旗下的盐城外国语学校于2015年投资创办，是一所15年一贯制的外语特色学校。学校所在的国家级盐城经济技术开发区成立于1992年，辖区面积200平方公里，常住人口20万，包括综合保税区、韩资工业园、光电产业园、新能源汽车产业园、江苏汽车智慧产业园、盐城智尚汽车小镇等园区板块。

盐城外国语学校引进光华优质国际课程体系与管理、教学队伍，已开设从幼儿园到高中的国内教育班、1年级到11年级的韩国班以及国际高中班。学校同时是盐城市人民政府指定的外籍子女就读学校，开设面向（但不限于）外籍学生的国际课程教育，为在盐城的外籍员工子女提供优质的国际化教育。

韩国国会副议长金振构率企业家代表团参观盐城外国语学校

韩国内亭中学友好学校互访

（二）打造智慧校园

在光华的校园内，智慧教育的概念不仅体现在充分利用物联网、云计算、大数据等新一代信息技术，更体现在教师的数字化学习、与这些现代化技术相结合的教育体制的优化和教育理念的普遍进步。

在光华校区，教师数字化培训在假期和学期中穿插进行，从创建资源到上传课件、作业、试卷、制作课程包等环节，都严密设计、规范把控。

智慧课堂将现代科技融入课前、课中、课后教学全场景，重建师生的教学关系，让教师因材施教、以导代教，让学生按需学习、自主学习，借助科技实现教与学的方式变革。通过课堂操练和师生反复咨询，教师们已经掌握智慧教育的方法并熟练地运用到课堂教学当中。

光华的数字实验室

（三）创新绽放光华

光华教育集团融合中西课程，目的是实现中西方教育的优势互补。课程是一个重要抓手，它承载的是光华学校的教育理念，希望通过这些课程不仅能帮助学生在学校里收获成功，更能帮助他们在未来达成人生目标。

作为创新教育服务品牌，光华关注教育服务及配套，在光华启迪个人学校、光华营地自然教育、光华好奇艺术教育等方面进行多元化的创新教育的探索与实践。

2021年11月，"上海光华教育发展基金会"正式成立。基金会以"汇八方涓流，襄教育事业"为宗旨，支持和推动教育和慈善事业的发展。光

光华营地帆船教育

光华营地自然教育课堂

华教育发展基金会聚焦创新教育、公益行动、青年发展等领域，在公益行动中连同合作伙伴扶贫济困、支持乡村建设，同时通过筹建学人图书馆等非营利性文化机构，让教育创新深入多层次的社会群体中。

2021年，光华教育集团董事会主席鲁育宗博士捐赠人民币一千万元设立"同济大学光华教育创新基金"。光华设立创新奖学金鼓励在学术、公益、创新、艺术等方面有突出成就的学生，促进多元化人才的创新发展。

此外，光华与世界一流高校合作打造致力于集收藏、展览、出版、文化探索、精神分享于一体的创新图书馆，线下展馆与线上平台结合，专注于知名学人作品以及专题藏品的收藏与展示，给予知识新型的开放平台，给予求知者深度学习与文化交流的机会，让有价值的知识得以保存、传承、流动与延伸。

七、社会服务责任

（一）社会服务

- **公益支教行动**

光华教育集团从 2008 年发展至今，积极组织支教，参与公益活动，树立了良好的社会责任形象。15 年来，光华不改初心，砥砺前行。作为一家充满社会责任感的机构，未来光华也将继续以培养"具有国际视野和中国灵魂的世界公民"为己任，发起并参与更多的公益慈善活动，承担更多的社会责任。

光华成立以来，光华学子通过支教、众筹援建等方式践行公民责任。至今，光华已在中国云南、江西、甘肃、安徽等地，以及尼泊尔、泰国等地有固定支教点与对口支援单位，并通过与国际、国内公益组织合作，在上述地区筹建公益图书馆和远程教室。光华学生自发成立的光华公益基金目前已得到来自集团以及其他社会企业、公益组织的支持。

光华剑桥学生志愿者工作队和学生基金会的公益支教成果有：

2023 年 6 月，"手拉手"爱心助学资助云南新厂镇学校 30 名学生，金额逾 10 万元。

2021 年 9 月，"手拉手"爱心助学资助云南新厂镇学校 51 名学生，金额逾 26 万元。

2020 年 9 月，"手拉手"爱心助学资助云南新厂镇学校 28 名学生，金额逾 13 万元。

2019 年 6 月，云南支教，9 人。

2018 年 6 月，安徽支教，7 人；宁夏震湖中学支教，21 人。

2017 年 6 月，宁夏三和支教，17 人；江西支教，8 人。

2016 年 6 月，宁夏三和支教，18 人；光华学生公益基金会正式成立。

2015 年 6 月，宁夏三和支教，18 人；光华学生公益基金会萌芽。

光华学生公益支教行动

- **慈善活动**

集团响应国家无偿献血的号召,组织和鼓励员工积极参与本地医疗卫生机构的献血活动,2015年至2022年底,集团每年连续组织员工多人次参与无偿献血,并为相关员工提供营养费和休假福利。

对于各校区的学生慈善活动组织,以集团支持和校区自发组织为主。集团公共关系部以校园文化活动为枢纽,为学生的慈善活动提供资金、人力、宣传等支持。在校区慈善活动设计中,光华各学校根据学生的不同年

光华剑桥公益集市

龄阶段、成长特点，制定了多样化的公益活动方案和内容，提高了公益活动的针对性和实效性。

例如，每一年的感恩节，光华剑桥校区的师生们将闲置衣物拿到光剑基金会在元培楼设立的爱心捐赠点，捐给偏远山区的孩子们。洗干净的羽绒服、棉衣、校服、围巾……经过基金会同学的整理和打包，快递给山区的孩子们。捐赠衣物的同学们也可以收到特制的纪念笔与纪念卡。

（二）抗击疫情

- **加强防疫教育宣传**

集团各校区通过班级群、家长群、官网、微信公众号等多个渠道进行防疫教育宣传，发布防疫知识和更新疫情信息，重点关注学生外出、居家等多个学习、生活场景的防疫提醒。

与此同时，上海光华教育发展基金会积极主动践行光华的企业社会责任，向复旦大学、同济大学，复旦大学附属华山医院以及韩国捐赠一批防疫物资，助力社会有序推动疫情筛查与防控工作。

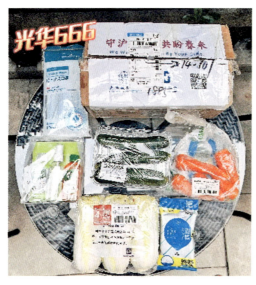
为员工、校友快递食品和防疫包

组织抗疫

抗击新冠疫情期间，光华学子展现公民意识，率先组织捐款和爱心物资对口支援。光华美高的学子在 2020 年除夕当天下午第一时间与其他国际学校学生组建沟通群，建立起包括联动组、物资组、医院联系组、宣传组及财务组在内的工作小组，在"武汉筹款交流群"里及时直播与传递物资、善款动态，在短短一天时间内筹集到近 5 万元善款，购买了 1 500 个 N95 口罩，将口罩定点发送至湖北省黄冈市浠水县人民医院。

- 在线公益课

在教育部"停课不停学"的号召下，光华关注居家学习的光华学子和其他青少年朋友的学习与生活状态，邀请了复旦大学附属华山医院张文宏教授等公共卫生、法律、心理、文学等领域的导师传授抗疫常识和相关学科知识。

课程除了在光华微信公众号和喜马拉雅电台 App 上公开免费提供给青少年朋友，也授权给辽宁省盘锦市兴隆台扶起救助协会等公益组织免费使用。

- 捐资捐物

新冠疫情暴发后，集团和各校区第一时间成立抗疫小组，设立"光华社会责任应急基金"与"光华人特别资助基金"，分别用于在特殊时刻支持

光华部分在线公益课

为复旦大学、同济大学校医院捐赠口罩、消毒水等防护物资

社会公益事业以及表彰、资助在特定时期为社会做出卓越贡献的光华教职工家庭,为每一个有在前线抗疫的医护工作者的光华教职工家庭提供资金补助(每户5 000元人民币),以资鼓励。

集团总部发起"光华公益行动"倡议,积极筹措各类防疫物资,支援一线工作。

八、生态文明责任

(一)低碳环保的校园建筑

光华严格遵守《中华人民共和国环境保护法》、《城市绿地设计规范》(GB50420-2007)、《中小学校设计规范》(GB50099-2011)、《江苏省绿色建筑设计标准》(DGJ32/T73-201)等国家和地区相关环保法律法规,践行绿色校园建设标准。

光华校园建设和管理从源头关注生态文明责任,从建筑设计理念、建筑材料、施工工艺、施工过程和验收,注重低碳环保。此外,集团关注校园使用者即教师和学生对景观和绿色、环保校园生态建设的感官体验。光华校园内,不仅拥有足够面积且优美的绿化,也关注硬件和文化建设的可持续发展。

光华盐城校区

在整体校园绿化的打造中,要求绿化与景观有机结合,避免过度装饰。

集团和校区倡导节能、低碳生活和绿色校园文化,根据《中华人民共和国环境保护法》和各地垃圾分类管理条例,制定员工手册和校规,规范管理教职工和学生在学习、办公过程中对于照明、用水的能源节约和垃圾分类行为,共建校园生态文明。

例如,除了新入职员工培训外,定期给每一位员工安排每天的值班工作,及时关闭电灯,减少能耗,养成能源节约习惯;再如,在校区餐厅推行光盘行动。

(二)积极鼓励学生参与绿色校园建设

光华致力于建设充满人文主义、科学精神、艺术情怀的未来学习中心,在这个中心里,学校的核心功能是"社区",即让学生将学习与探索融入日常生活与社交,学校的各个建筑群与功能模块都将围绕光华"公民意识、创新精神、全球视野"的教育宗旨进行设计。

为了让学生参与共建绿色校园,光华响应国家垃圾分类号召,在各校区开展绿色校园、垃圾分类活动,通过宣讲、征文、垃圾变废为宝手工艺品大赛等多种形式提高学生参与的积极性与热情。

学校开展了"垃圾分类,光华先行"的主题实践活动

(三)生态文明教育

为了提高学生对现有气候和环境问题的关注意识,动员学生参与环保行动,通过绿色低碳生活改善地球的环境,集团下属学校积极开展各类环保主题活动,组织开展精彩的宣传活动,起到了环境教育引领示范作用。

集团通过科普讲座、互动问答等形式提高青少年和教职工的生态保护意识,通过身边小事为日益恶化的海洋环境力所能及地采取行动,来共同促进海洋和地球生态的健康可持续发展。

光华剑桥组织青少年海洋保护公益讲座

团建期间集团员工在中国香港维多利亚港学习海洋动物保护科普知识

九、报告展望

  一家企业如何确定业务发展走向，既是由自身能力决定的，也必然受到时代环境、市场机遇的影响。光华迈入下一个 15 年，我们在思考：光华可以为我们的社会做哪些创新的改变？

  关于未来的走向，我们心潮澎湃、充满畅想，也时常回首集团创办伊始的岁月，回望创办光华的初心、对于教育本质的关切，以及致力于构筑一个精神家园的坚守。为此，我们将继续探索创新的教育理念和教育模式，整合国际化的优质教育资源，严格管理教学质量，不断为中国和人类社会发展培养创新人才与中坚力量。

  集团将继续推进人才培养工作，完善薪酬激励政策，关注员工健康，开展员工培训。我们将践行可持续发展的理念，关注全球环保议题，进一步开展各类公益活动，奉献社会，加强内外部社会责任意识的宣传和普及。光华将秉承传播正能量、奉献社会责任的精神，与社会各界爱心人士一同携手，以多样的形式持续助力慈善和环境保护事业的发展。

外部环境的变化与挑战，让我们意识到只有与时俱进、不断创新才能生存下来，保持基业长青。我们屡次强调"创新教育"，围绕光华已有的核心业务，以创新驱动和引领光华走向更美好的未来。同样，光华教育集团将运用创新思维进一步完善集团社会责任组织体系，增强员工社会责任意识，提升社会责任管理能力，通过不断加强与利益相关方的沟通，助力企业创新和社会可持续发展。

后　记

本书快要完稿时，我正在纽约，跨越 12 个小时的时差，一边赶着参加各种会议，一边抽空一次次与同事长时间电话确认书稿的部分内容。说来有点惭愧，这本书的写作过程经历了一波三折，从 2018 年光华十周年时执笔，到现在临近出版，五年时间转瞬即逝。其间因为国家政策和市场形势的变化，集团业务方向不断调整，书稿也相应更新了诸多版本，很多"过时"的观点经过了一轮轮的修订。我也有过放弃的念头，但在大家的鼓励和支持下，终于完成书稿。书稿的最后一次大改是在今年春天，在杭州召开完集团管理战略会议后，我和集团核心团队封闭在宾馆用了整整两天讨论集团发展战略，最终明确了以"创新教育"作为光华下一阶段的发展主题。于是，我重新梳理了书稿的逻辑，修改了部分章节内容，可以说，本书是我们对光华 15 年办学的一次总结，它既是我和同事们当下思考的备忘录，也是公司未来发展的前瞻图。

从 2008 年到 2023 年，光华教育踏过了荆棘丛生的道路，也邂逅过柳暗花明的机缘；曾经收获硕果累累，也曾面临困难重重。回首那些欢乐与荣耀、迷茫与痛苦，就像翻阅旧日历，我无暇遍数所有的点点滴滴，只能从漫长的岁月里朝花夕拾，将其化为本书中的点点心语。

今年夏天，我赴北美洽谈创新教育相关的业务合作，并走访了美国最知名的十几所学校和教育机构，与各界教育专家和学者进行了长时间的交流，这让我更加坚信，创新正是中国教育亟待发展的方向。我期待在不远的未来，能够看到在国内美丽的校园中，创新课程缤纷呈现，莘莘学子满怀学习的热情和探索的活力。

"纸上得来终觉浅，绝知此事要躬行。"有限的文字难以尽显曾经的风雨与彩虹，但写作的过程总是提醒我拥有过什么、失去过什么，以及未来要探索什么。光华不过是中国民办教育大潮中的一叶扁舟，我知道即便我有生花妙笔也挥就不出什么鸿篇巨制；但它作为光华阶段性发展的小结，记我所言所行，言我所感所悟，贵在真实、真诚、真切。光华的记忆不仅仅属于我个人，也属于诸多老师、学生、家长、教育工作者，甚至可以说是这个时代教育变革的一个缩影。因此，我在写作中不避讳谈及一些企业发展过程中的"瘢痕"，也大胆地对国内教育现实发出质疑和提议；付梓出版更是为了抛砖引玉，以此激发更加深入的思考和收获更多的金玉良言，为我们未来的教育创新之路带来更多回应的声音。

在撰写书稿的过程中，我参考了许多优秀学者和一线教育工作者的著作，感谢他们提供了诸多理论支持。尤其要感谢的是"一丹奖"获得者朱永新教授，他围绕"未来学习中心"所做的论述以及他在新教育实验中的实践经验对我启发甚大。

文稿能够成书也并非我一人之功。书稿的内容得到了李正林、章良、孟叶舟、叶定壹、杨帆、王政菲、陈希茹、龙秋梅、徐菁华、宋冬佩、凤菲露等同事和王曒、吴为民等文友的热心帮助，他们分别就不同章节的具体内容提供了翔实的素材和中肯的意见，王静怡帮我校对了全稿，集团顾问刘子馨先生不辞辛劳地提供出版指导。

我与复旦大学出版社已经合作出版过多本图书，但在本书的写作上不料成为"拖稿困难户"。从最初接洽到现在出版历时近五年，感谢出版社领导和编辑们耐心、专业的指导，特别是总编岑品杰先生，为本书的出版付出了很多心血。在本书出版之际，王联合先生、李砚女士、徐骅先生分别寄来了题字，为本书增添了不少艺术气息，在此一并表示衷心的感谢。

本书内容所覆盖的时间跨度较长，而我们所处的时代日新月异，行业

后记

更迭如潮，书稿几经修改也难免存在诸多纰漏，其中或有不当之处，敬请读者指正！

此时，我特别想感谢所有曾在光华挥洒过汗水或正在光华奋斗的伙伴们，他们与我同担风雨、并肩前行，共同铺就了这条光华之路。在写作过程中，我选用了许多光华毕业生的故事，感谢他们在光华镌刻下青春的足迹。能够见证学生们成为"最好的自己"，正是我如此热爱教育的理由；与学生的交流也是促进我思考教育创新的强大动力。我深知，是无数人的关心、支持、参与成就了光华，过去是，未来也是！

再小的石子投入一潭静水也能泛起涟漪，本书的文字即使粗浅，我也渴望会有读者读懂我们内心的热爱，引起对教育未来发展的共鸣。最后，我想引用约翰·杜威（John Dewey）的那句话："如果我们用昨天的教育培养今天的儿童，那就是在剥夺他们的明天。"谨此与朋友们共勉！

鲁育宗

2023 年 8 月 8 日，于纽约

图书在版编目(CIP)数据

因你而光华：创新教育的探索与畅想/鲁育宗著.—上海：复旦大学出版社，2023.12
ISBN 978-7-309-17088-7

Ⅰ.①因⋯　Ⅱ.①鲁⋯　Ⅲ.①创造教育-研究-中国　Ⅳ.①G40-05

中国国家版本馆 CIP 数据核字(2023)第 231502 号

因你而光华：创新教育的探索与畅想
YINNI ER GUANGHUA: CHUANGXIN JIAOYU DE TANSUO YU CHANGXIANG
鲁育宗　著
责任编辑/张美芳

复旦大学出版社有限公司出版发行
上海市国权路 579 号　邮编：200433
网址：fupnet@ fudanpress.com　http://www.fudanpress.com
门市零售：86-21-65102580　团体订购：86-21-65104505
出版部电话：86-21-65642845
上海盛通时代印刷有限公司

开本 787 毫米×1092 毫米　1/16　印张 16.25　字数 233 千字
2023 年 12 月第 1 版
2023 年 12 月第 1 版第 1 次印刷

ISBN 978-7-309-17088-7/G·2548
定价：119.00 元

如有印装质量问题，请向复旦大学出版社有限公司出版部调换。
版权所有　　侵权必究